Werkboek klinische schematherapie

Werkboek klinische schematherapie

Redactie:

Eelco Muste

Anoek Weertman

Anne-Marie Claassen

Bohn Stafleu van Loghum
Houten 2009

© 2009 Bohn Stafleu van Loghum, onderdeel van Springer Uitgeverij
Alle rechten voorbehouden. Niets uit deze uitgave mag worden verveelvoudigd, opgeslagen in een geautomatiseerd gegevensbestand, of openbaar gemaakt, in enige vorm of op enige wijze, hetzij elektronisch, mechanisch, door fotokopieën of opnamen, hetzij op enige andere manier, zonder voorafgaande schriftelijke toestemming van de uitgever.

Voor zover het maken van kopieën uit deze uitgave is toegestaan op grond van artikel 16b Auteurswet 1912 j° het Besluit van 20 juni 1974, Stb. 351, zoals gewijzigd bij het Besluit van 23 augustus 1985, Stb. 471 en artikel 17 Auteurswet 1912, dient men de daarvoor wettelijk verschuldigde vergoedingen te voldoen aan de Stichting Reprorecht (Postbus 3051, 2130 KB Hoofddorp). Voor het overnemen van (een) gedeelte(n) uit deze uitgave in bloemlezingen, readers en andere compilatiewerken (artikel 16 Auteurswet 1912) dient men zich tot de uitgever te wenden.

Samensteller(s) en uitgever zijn zich volledig bewust van hun taak een betrouwbare uitgave te verzorgen. Niettemin kunnen zij geen aansprakelijkheid aanvaarden voor drukfouten en andere onjuistheden die eventueel in deze uitgave voorkomen.

9789031372089
NUR 777

Ontwerp binnenwerk: Studio Bassa, Culemborg
Automatische opmaak: Pre Press Media Groep
Ontwerp omslag: TEFF (www.teff.nl)

Bohn Stafleu van Loghum
Het Spoor 2
Postbus 246
3990 GA Houten

www.bsl.nl

Inhoud

1	**Algemene inleiding (dag)klinische schematherapie**	7
1.1	Inleiding	7
1.2	De theorie van klinische schematherapie	8
1.2.1	Wat zijn schema's?	8
1.2.2	Hoe ontstaan schema's?	9
1.2.3	Schemadomeinen	11
1.2.4	Copingstrategieën	15
1.2.5	Modi	16
1.3	(Dag)klinische schematherapie in de praktijk	22
1.3.1	Welke obstakels kun je tegenkomen?	22
1.3.2	De therapie-instrumenten	23
2	**Stappen tot verandering**	25
2.1	Werken met de modi	25
2.1.1	De Afstandelijke beschermer	25
2.1.2	De Bestraffende ouder	26
2.1.3	Het Boze kind	26
2.1.4	Het Kwetsbare kind	27
2.1.5	Het Blije kind	27
2.1.6	De Gezonde volwassene	28
2.2	Werken met de schema's	29
2.2.1	Verlating/instabiliteit	29
2.2.2	Wantrouwen/misbruik	31
2.2.3	Emotioneel tekort	35
2.2.4	Minderwaardigheid/schaamte	37
2.2.5	Sociaal isolement/vervreemding	40
2.2.6	Afhankelijkheid/incompetentie	43
2.2.7	Kwetsbaarheid voor ziekte en gevaar	45
2.2.8	Schema Verstrengeling/onderontwikkeld zelf	48
2.2.9	Mislukking	50
2.2.10	Op je rechten staan	53
2.2.11	Onvoldoende zelfcontrole/zelfdiscipline	55
2.2.12	Onderwerping	57
2.2.13	Zelfopoffering	59
2.2.14	Emotionele geremdheid	61
2.2.15	Extreem hoge eisen	62
3	**Formulieren klinische schematherapie**	65
	Inleiding	66
3.1	Uitleg en algemene informatie over cognitieve gedragstherapie	67
3.1.1	Cognitieve therapie: algemene informatie	68

3.1.2	Disfunctionele denkgewoonten	74
3.2	In kaart brengen en uitwerken van problemen, klachten en schema's	76
3.2.1	Formulier gespreksvoorbereiding	78
3.2.2	SMART doelen formuleren	79
3.2.3	Huiswerkformulier	81
3.2.4	Formulier analyse probleemgedrag	82
3.2.5	Signaleringsplan	84
3.2.6	Schema-uitwerklijst	85
3.2.7	Voor- en nadelenanalyse	86
3.2.8	Copingstrategieën; hoe ga ik met mijn schema's om?	87
3.2.9	Kosten/batentechniek	88
3.2.10	Formulier stappenplan/werkpunten	89
3.2.11	Activiteitendagboek	90
3.2.12	Klachtenregistratie per dag	91
3.2.13	Registratie	92
3.3	Opsporen en uitdagen van gedachten en overtuigingen	93
3.3.1	G-schema	94
3.3.2	Dagboek voor het bijhouden van gedachten	95
3.3.3	Schemadagboekkaart	97
3.3.4	Bijlage bij schemadagboek	98
3.3.5	Modidagboekkaart	99
3.3.6	Informatie verzamelen; historische toets en actuele toets	100
3.3.7	Automatische gedachten opsporen	101
3.3.8	Vragen om overtuigingen en gedachten uit te dagen	102
3.4	Veranderen van gedachten en experimenteren met nieuw gedrag	103
3.4.1	Geheugenkaart voor modi	104
3.4.2	Geheugenkaart voor schema's	105
3.4.3	Veranderen van overtuigingen	106
3.4.4	Experimentformulier	107
3.4.5	Experimentkaartjes, oplopend in moeilijkheid	108
3.4.6	Exposure-oefening	109
3.4.7	Weekplan	110
3.4.8	Positief dagboek: gebeurtenissen die mijn overtuiging tegenspreken	111
3.4.9	Lijst met leuke dingen (uit M.M. Linehan, 1996)	112
	Auteurs	115

1 Algemene inleiding (dag)klinische schematherapie

W. Adema, J. Blokland-Vos, G. Günther en M. Oudmaijer

1.1 Inleiding

Dit werkboek is ontwikkeld voor mensen die een (dag-)klinische therapie volgen met schematherapie als kader. Het is een hulpmiddel om zelf meer van je eigen problematiek te gaan begrijpen en geeft je concrete handvatten om met je problemen aan de slag te gaan.

Centraal in het behandelmodel staat het begrip 'schema'. De basisgedachte achter schematherapie is de visie dat hardnekkige problemen te maken hebben met de manier waarop iemand geleerd heeft over zichzelf, anderen en de wereld te denken (zogenoemde opvattingen of cognities). Deze opvattingen gaan vaak samen met bepaalde herinneringen en gevoelens. Bijvoorbeeld: iemand die het idee heeft dat hij minderwaardig is, voelt zich angstig en onzeker en herinnert zich nog de pesterijen van vroeger op school, toen het idee minderwaardig te zijn is ontstaan. Deze opvattingen, herinneringen en bijbehorende emoties tezamen, wordt een schema genoemd.

Ieder mens heeft eigen unieke schema's. Er zijn echter wel overeenkomsten tussen schema's van mensen. In dit werkboek wordt uitgegaan van vijftien schema's die dikwijls voorkomen bij mensen die langdurig vastlopen in hun leven. Het doel van schematherapie is deze schema's te bewerken zodanig dat mensen er niet meer door gehinderd worden.

In dit werkboek wordt uitgebreid stilgestaan bij wat schema's zijn, hoe ze ontstaan en in stand gehouden worden en hoe je ze kunt doorbreken. Daarnaast worden andere begrippen uitgelegd die belangrijk zijn voor de behandeling, zoals de begrippen 'schemadomeinen', 'copingstijlen' en 'modi'.

De stappen tot verandering in dit werkboek zijn afgestemd op een (dag)klinisch psychotherapeutische behandeling en kunnen gezien worden als een blauwdruk; in het gebruik ervan staat jouw individuele proces op de voorgrond. Het kan zijn dat het voor jou beter is om stappen over te slaan of juist kleinere of tussenstappen te zetten. Belangrijk en helpend binnen (dag)klinische therapie is dat iedereen dezelfde taal spreekt. De uitleg in dit werkboek is daarmee de start van het therapieproces. Wij raden je aan het werkboek niet in één keer helemaal te lezen, maar dit stapsgewijs en in overleg met je behandelaar te doen. Wij hopen dat het werkboek een goede ondersteuning zal zijn voor je behandeling.

1.2
De theorie van klinische schematherapie

1.2.1
Wat zijn schema's?

(Dag)klinische schematherapie is ontwikkeld voor mensen met persoonlijkheidsproblematiek. Vaak is de diagnose persoonlijkheidsstoornis gesteld.
Een persoonlijkheidsstoornis is een langdurig bestaand patroon van denken, voelen en gedrag dat leidt tot hevige, nare gevoelens en problemen. Mensen die lijden aan een persoonlijkheidsstoornis hebben meestal al heel lang problemen op vele gebieden in hun leven. De problemen worden vooral duidelijk in (intieme) relaties met andere mensen. Daarnaast kunnen er ook specifieke klachten zijn zoals angsten, depressies of eetstoornissen.
Mensen met een persoonlijkheidsstoornis zijn geneigd steeds weer tegen dezelfde of soortgelijke problemen aan te lopen. Het lukt hen vaak niet om op eigen kracht nieuwe oplossingen te bedenken omdat ze dikwijls te weinig zicht hebben op hun eigen aandeel in het voortbestaan van de problemen. Dat komt omdat de problemen meestal al vroeg in de jeugd zijn ontstaan en de manier van denken en voelen over zichzelf zo vanzelfsprekend is geworden dat het lijkt alsof dit niet meer te veranderen is.

Om je gedachten, gevoelens en gedrag in gunstige richting te kunnen veranderen, is het allereerst belangrijk dat je begrijpt hoe je problemen ontstaan zijn, maar ook hoe je er zelf in je latere leven mee bent omgegaan. Je zult ontdekken dat de manier van omgaan met je problemen je oude patronen van denken en voelen bevestigt. Deze steeds terugkerende patronen van denken, voelen en herinneringen die daaraan gekoppeld zijn, worden schema's genoemd. Schema's zijn te vergelijken met vooroordelen. Net als bij vooroordelen beïnvloeden schema's jouw manier van hoe je naar jezelf, anderen en de wereld kijkt. Daardoor zul je geneigd zijn om eerder aandacht te besteden aan situaties die jouw schema bevestigen dan aan situaties die een uitzondering vormen op jouw schema. Je schema's vertroebelen, net als bij vooroordelen, je kijk op de werkelijkheid.

Samengevat heeft een schema de volgende kenmerken:

Een schema is:
a *een breed, in alle levensgebieden doordringend patroon.* Schema's hebben betrekking op een langdurig bestaand patroon van functioneren, niet op tijdelijke klachten. Schema's bestaan uit herinneringen, emoties, overtuigingen (cognities) over jezelf, anderen en de wereld en uit lichamelijke gevoelens. Met andere woorden, schema's hebben betrekking op hoe je jezelf ziet en ervaart als persoon en hoe je naar andere mensen kijkt en je voelt in relaties met anderen. Schema's komen tot uiting in veel situaties, dus niet alleen met partners of vrienden maar ook in werksituaties, als je alleen bent en in je vrije tijd. Ze zijn een onderdeel geworden van je persoonlijkheid.
b *ontstaan in je jeugd en heeft zich verder ontwikkeld door je latere leven heen.* Een schema heeft zijn oorsprong in de kindertijd en herhaalt zich het gedurende je verdere leven. Een thema kan bijvoorbeeld Verlating of Emotioneel tekort zijn. Je hebt dan als kind emotioneel te weinig aandacht gehad van je ouders en zoekt daarom later steeds bij iedereen naar warmte en aandacht. Maar misschien doe je dat op zo'n claimende manier, dat je juist afgewezen wordt, waardoor het gevoel van tekortgedaan zijn (opnieuw) bevestigd wordt.

TEMPERAMENT

Een andere factor die bijdraagt aan de ontwikkeling van een schema is temperament. Met temperament worden heel basale persoonlijkheidskenmerken bedoeld die al vanaf de vroegste kinderjaren zichtbaar zijn. Ze zitten in iemands aanleg, zijn aangeboren en tot op zekere hoogte erfelijk. Het gaat daarbij om eigenschappen zoals de mate waarmee je op prikkels reageert, het algemene energie- en activiteitsniveau, het tempo waarin je leeft en de mate van introversie en extraversie.

Temperament kun je vergelijken met een talent – bijvoorbeeld wel of niet muzikaal zijn –, je kunt er niet voor kiezen. Het is zoals het is en daar moet je het mee doen. Het is de 'aard van het beestje'. Een temperament kan nooit goed of slecht zijn, elk temperament heeft zo zijn eigen voordelen en moeilijkheden. Iemand die heel gevoelig en open is, neemt de omgeving intenser waar. Dat leidt aan de ene kant tot fijne gewaarwordingen en mooie momenten, maar maakt hem aan de andere kant ook kwetsbaarder omdat hij bijvoorbeeld sneller afgeleid is. Iemand die minder open is voor prikkels van buiten zal misschien doelgerichter zijn, maar loopt het risico om meer conflicten te hebben met anderen.

Als je naar je verleden kijkt en je bezighoudt met een trauma of gemis in je jeugd kun je de invloed van je temperament hierin meenemen. Door verschillen in temperament reageren mensen heel verschillend op vroegere ervaringen en gaan ze ook anders met hun schema's om. Er is altijd een wisselwerking tussen het temperament van het kind en zijn omgeving. Omdat kinderen afhankelijk zijn van de omgeving waarin ze geboren zijn, is deze wisselwerking bepalend voor de ontwikkeling van hun persoonlijkheid. Een extravert kind, bijvoorbeeld, kan in een gezin met een agressieve vader gemakkelijker de dupe worden omdat het zich meer en veelvuldiger laat zien en horen en daardoor een makkelijker 'prooi' kan zijn dan een introvert kind, dat eerder geneigd is zich aan contacten en confrontaties te onttrekken. Aan de andere kant zal een introvert kind in traumatiserende omstandigheden geneigd zijn zich in zichzelf terug te trekken, terwijl een extravert kind eerder op zoek zal gaan naar situaties waarin het meer steun kan krijgen.

Belangrijk voor je therapieproces is dat je jezelf leert kennen en weet hoe je in elkaar zit, zodat je je leven in kan richten zoals bij jou past.

1.2.3

Schemadomeinen

De schema's worden ondergebracht in vijf schemadomeinen. Een schemadomein is een categorie van eerdergenoemde basisbehoeften waaraan niet voldaan is. Elk domein heeft een aantal schema's dat te herleiden is tot dezelfde basisbehoefte. Als een basisbehoefte in het hier en nu gefrustreerd raakt, kan er een schema geactiveerd worden.

In de volgende tabel staan de vijf schemadomeinen beschreven. De vijftien schema's die onder deze domeinen vallen, worden in paragraaf 2.2 van dit werkboek uitgewerkt.

Tabel 1.1 Schemadomeinen en schema's.

Schemadomeinen	Schema's
I Onverbondenheid en afwijzing *Basisbehoefte*: Veiligheid en Verbondenheid	1 Verlating/instabiliteit 2 Wantrouwen/misbruik 3 Emotioneel tekort 4 Minderwaardigheid/schaamte 5 Sociaal isolement/vervreemding
II Verzwakte autonomie en verzwakt functioneren *Basisbehoefte*: Autonomie, competentie en identiteitsgevoel	6 Afhankelijkheid/incompetentie 7 Kwetsbaar voor ziekte en gevaar 8 Verstrengeling/onderontwikkeld zelf 9 Mislukking
III Verzwakte grenzen *Basisbehoefte*: Realistische grenzen	10 Op je rechten staan 11 Onvoldoende zelfcontrole/zelfdiscipline
IV Gerichtheid op anderen *Basisbehoefte*: Zelfexpressie	12 Onderwerping 13 Zelfopoffering
V Overmatige waakzaamheid en inhibitie *Basisbehoefte*: Spontaniteit en spel	14 Emotionele geremdheid 15 Extreem hoge eisen

I DOMEIN VAN ONVERBONDENHEID EN AFWIJZING

Voor een baby is het zich veilig voelen absoluut noodzakelijk. Ook is het van essentieel belang dat hij een gevoel krijgt van verbonden te zijn met anderen. Om goed te kunnen opgroeien, heeft een kind een omgeving nodig die bescherming biedt, en dat de opvoeders in hun gedrag in belangrijke mate voorspelbaar zijn. Ze moeten beschikbaar zijn voor het kind, niet alleen fysiek, maar ook emotioneel. Om een gevoel van veiligheid en verbondenheid te ontwikkelen, heeft een kind liefde, aandacht, empathie, respect, warmte, begrip en leiding nodig, zowel van familie als van leeftijdsgenoten. Natuurlijk komen in elk gezin ruzies en spanningen voor, maar het is belangrijk dat een kind voelt dat die ruzies begrensd worden en niet uit de hand lopen.

Onveilige situaties uit de kindertijd kunnen tot gevolg hebben dat je je nergens echt veilig voelt. Je kunt het gevoel hebben dat er elk ogenblik iets vreselijks kan gebeuren: iemand van wie je houdt, kan je kwetsen of verlaten. Er is dan soms maar weinig nodig om het evenwicht te verstoren. In dat geval kun je last hebben van heftige stemmingswisselingen en ben je impulsief en zelfdestructief of juist gedeprimeerd en teruggetrokken.

Er is je niet geleerd hoe je er zelf voor kunt zorgen je veilig te voelen. Je voelt je juist aangetrokken tot onveilige situaties en hebt de neiging je in relaties te storten die destructief en verwaarlozend en/of misbruikend zijn.

Verbondenheid kun je onderverdelen in:
– *Intimiteit*; de meest hechte emotionele banden zijn meestal de intieme relaties met familie, partner en zeer goede vrienden. In deze intieme relaties bestaat een soort verbondenheid zoals je die voelt met een moeder of een vader. In deze relatie ontstaat ook zelfwaardering, het gevoel dat je als kind geliefd en gerespecteerd wordt in je gezin, door vrienden en op school.
– *Sociale verbinding*; het gevoel van *erbij horen*, van passen in een grotere sociale wereld. Sociale relaties zijn die met groepen vrienden en met groepen in de samenleving.

Problemen met sociale verbondenheid kunnen subtiel zijn. Het kan lijken of je perfect past in je omgeving – je hebt een gezin, mensen die van je houden, of je bent deel van een gemeenschap – en toch voel je je van binnen niet verbonden. Je houdt mensen een beetje op afstand. Je laat niemand te dichtbij komen.

Schema's in het domein van Onverbondenheid en afwijzing zijn:
1 Verlating/instabiliteit;
2 Wantrouwen/misbruik;
3 Emotioneel tekort;
4 Minderwaardigheid/schaamte;
5 Sociaal isolement/vervreemding.

Deze schema's zijn het meest fundamenteel, het zijn vaak *primaire schema's*; ze zijn vroeg in het leven ontstaan, zijn daardoor meestal sterk aanwezig en relatief moeilijk te veranderen. De andere schema's zijn dikwijls (maar niet altijd) een gevolg van een van deze vijf schema's en worden *secundaire schema's* genoemd.

II DOMEIN VAN VERZWAKTE AUTONOMIE EN VERZWAKT FUNCTIONEREN

Autonomie is het vermogen om je los te maken van je ouders en zelfstandig te functioneren in de wereld, net zoals je leeftijdgenoten dat doen. Je vormt je eigen mening en er durft daarvoor op te komen. Het is het vermogen om het huis uit te gaan, om een eigen leven te hebben, een identiteit, doelen en waarden van jezelf, zonder daarin uitsluitend afhankelijk te zijn van de ondersteuning of leiding van je ouders. Het is het vermogen om als individu te handelen, om een *zelf* te hebben. De ontwikkeling van autonomie is heel geleidelijk en begint al vroeg in de peuterleeftijd met dingen zelf willen doen, bijvoorbeeld zelf lopen in plaats van aan de hand genomen te worden, zelf eten in plaats van gevoerd worden, zelf tanden poetsen, aankleden, je eigen vriendjes en vriendinnetjes uitzoeken.

Wanneer je in een gezin bent opgegroeid dat autonomie *stimuleerde*, dan hebben je ouders jou op het gebied van zelfstandigheid vaardigheden geleerd, hebben ze je aangemoedigd om verantwoordelijkheid op je te nemen en om iets goed te beoordelen. Ze hebben je gestimuleerd om je in de buitenwereld te wagen en om te gaan met leeftijdgenoten. In plaats van je overmatig te beschermen, leerden ze je dat de wereld veilig is en hoe je jezelf kunt beschermen. Ze moedigden je aan om een *zelfstandige* eigen identiteit te ontwikkelen.

Maar er zijn ook gezinnen die autonomie weinig stimuleren of zelfs tegengaan. Een omgeving die afhankelijkheid en het zich aan elkaar vastklampen bevorderde. Je ouders hebben je misschien geen vaardigheden geleerd om op jezelf te vertrouwen. In plaats daarvan hebben ze je alles uit handen genomen. Daardoor hebben ze je afgeremd zelf dingen uit te zoeken en te experimenteren. Misschien hebben ze je geleerd dat de wereld gevaarlijk is en je voortdurend gewaarschuwd voor gevaren en mogelijke ziektes. Ze hebben je tegengehouden je natuurlijke neigingen te volgen. Ze hebben je geleerd dat je niet kunt vertrouwen op je eigen oordeel en eigen besluiten om in de wereld iets te bereiken. Dit leidt tot verzwakte autonomie en verzwakt functioneren.

Schema's in dit domein zijn:
6 Afhankelijkheid/incompetentie;
7 Kwetsbaarheid voor ziekte en gevaar;
8 Verstrengeling/onderontwikkeld zelf;
9 Mislukking.

III DOMEIN VAN VERZWAKTE GRENZEN

Een kind groeit op binnen een gezin en binnen een maatschappij. Opvoeden houdt onder andere in dat een kind wordt voorbereid op een plek in de maatschappij. Daarvoor is het belangrijk dat je gedragsregels leert, dat je rekening leert houden met andere mensen en dat je soms eigen behoeften (even) opzij moet zetten in het belang van iemand anders of van een groep. Als het bijvoorbeeld etenstijd of bedtijd is, zul je de behoefte om nog door te blijven spelen op moeten geven en je moeten aanpassen aan wat er van je verlangd wordt. Als je zin hebt om te snoepen, kan het zijn dat je ouders dat niet verstandig vinden, bijvoorbeeld omdat je net wat gehad hebt of omdat het etenstijd is. Je zult ook moeten leren dat je om een doel te bereiken soms bepaalde behoeften (om te spelen, te luieren) tijdelijk moet onderdrukken en je gevoelens van frustratie (geen zin hebben, moeite hebben met bepaalde karweitjes) moet leren verdragen. Als het goed is helpen ouders daarbij door grenzen te stellen. Als je als kind in een omgeving wordt opgevoed waar *realistische grenzen* gesteld worden, dan verbinden je ouders consequenties aan je gedrag waardoor realistische zelfbeheersing en zelfdiscipline worden beloond. Zo helpen ouders hun kinderen om rekening te houden met anderen en gevoel te ontwikkelen voor de behoeften van anderen. Ze leren hun kind dat het mensen niet onnodig moet kwetsen en dat het de rechten en vrijheid van anderen moet respecteren.

Maar misschien werden jou in je jeugd geen realistische grenzen bijgebracht, waren je ouders uiterst inschikkelijk en toegeeflijk. Gaven ze je alles wat je maar wilde. Beloonden ze je voor manipulerend gedrag. Als je een woede-uitbarsting in de strijd gooide, kreeg je je zin. Ze hielden je niet op een goede manier in de gaten. Ze stonden toe dat je grenzeloos tekeerging. Je leerde nooit het begrip 'wederkerigheid'. Ook kan het zijn dat er juist enorm strenge grenzen werden gesteld en dat je vooral moest luisteren zonder dat er aandacht was voor jouw behoeften. Als er dan ook nog sprake was van weinig basisveiligheid of verbondenheid, ben je misschien later in opstand gekomen en je dingen gaan toe-eigenen.

Bij problemen met grenzen richt je je zo zeer op je eigen behoeften *dat je geen rekening houdt met anderen*. Je denkt dat je een bijzonder iemand bent en dat je recht hebt om alles op je eigen manier te doen. Dat kan tot gevolg hebben dat anderen je zelfzuchtig, eisend, dwingend, egoïstisch en narcistisch vinden. Misschien heb je problemen met zelfbeheersing. Je bent zo impulsief of emotioneel dat je moeite hebt om lange termijn doelstellingen te halen. Je bent steeds gericht op directe bevrediging. Je kunt geen routineklussen of saaie taken verdragen. Je hebt moeite om je werk te plannen en bent geneigd om moeilijke of vervelende zaken uit te stellen.

Schema's in dit domein zijn:
10 Op je rechten staan;
11 Onvoldoende zelfcontrole/zelfdiscipline.

IV DOMEIN VAN GERICHTHEID OP ANDEREN

Een kind heeft van nature eigen behoeften en verlangens. Het gaat in dit domein om de natuurlijke behoefte om jezelf te uiten, te laten zien wat je voelt en denkt. Uiting te geven aan blijdschap, maar ook aan ergernis, boosheid, gekwetst zijn. In een gezonde omgeving is er aandacht voor wat een kind aan eigen behoeften heeft. Dat betekent niet dat er altijd aan die behoeften voldaan moet worden, maar wel dat ze mogen bestaan en gezien en erkend worden. Het is belangrijk dat geaccepteerd wordt dat je uniek bent met eigen opvattingen, eigen temperament en eigen bijzondere karaktertrekken.

Als er geen acceptatie is van wie je bent, wordt de acceptatie voorwaardelijk; dat wil zeggen dat je alleen maar oké gevonden wordt als je aan de wensen en verwachtingen van je ouders voldoet. Als kind wil je geaccepteerd worden. Dus als je niet geaccepteerd wordt om wie je bent, zul je proberen aardig gevonden te worden door je zo op te stellen als anderen van je verwachten. Je kan daarin zo ver gaan dat je het contact met wat je eigenlijk wilt, kwijtraakt. De oorspronkelijke behoeften om je te uiten, blijven echter bestaan en raken opgekropt. Als je bijvoorbeeld nooit heb mogen laten zien dat je af en toe kwaad bent, laat je altijd maar je lieve, vriendelijke kant zien. Het opgekropte gevoel van kwaadheid komt dan bijvoorbeeld tot uiting in het feit dat je in al je vriendelijkheid verstikkend werkt op anderen of dat je af en toe om een gering voorval plotseling heel venijnig kwaad wordt, waar niet alleen de ander heel erg van schrikt, maar jijzelf misschien nog wel meer.

Schema's in het domein Gerichtheid op anderen zijn:
12 Onderwerping;
13 Zelfopoffering.

V DOMEIN VAN OVERMATIGE WAAKZAAMHEID EN INHIBITIE

Dit domein gaat over spontane gevoelens en impulsen. Een kind is van nature geneigd te spelen, te rennen, te fantaseren en te onderzoeken, zich spontaan te gedragen. De uitspraak dat iedere mens creatief is, gaat op deze spontaniteit terug. Als je je vrij mag ontplooien, heeft iedereen een zekere mate van creativiteit. Maar als je opgroeit met starre regels van hoe je je moet gedragen, kun je deze natuurlijke spontaniteit grotendeels kwijtraken. Ook als je steeds gestoord wordt in je spel – omdat je te veel rommel zou maken of omdat je ouders voorschrijven waar je wel en niet mee mag spelen – wordt je natuurlijke neiging om te spelen, en daarmee het vermogen om je te uiten, ingeperkt. Die starre regels maak je vervolgens jezelf eigen. Je raakt overgecontroleerd en hebt het gevoel altijd waakzaam te moeten zijn. Er is angst dat anders je leven instort. Je gaat heel veel energie steken in serieuze zaken, zoals werk ten koste van vrije tijd en ontspannen. Dat kan zo ver gaan dat je het niet meer redt, overwerkt raakt en in de ziektewet terechtkomt.
Ook kan het in dit domein zijn dat je je woede opkropt, die daardoor juist heel groot kan worden. Omdat je die woede er koste wat kost onder wilt houden, raak je nog eens extra gecontroleerd.

Schema's in dit domein zijn:
14 Emotionele geremdheid;
15 Extreem hoge eisen.

1.2.4
Copingstrategieën

Mensen hebben verschillende manieren om met hun schema's om te gaan. Daarom zijn de schema's niet altijd even duidelijk te herkennen, en kunnen kinderen die in dezelfde omgeving zijn opgegroeid (bijv. met misbruik of mishandeling) als volwassene verschillend gedrag vertonen, omdat ze op verschillende manieren reageerden op soortgelijke situaties van vroeger. We noemen dat copingstijlen

Er zijn drie verschillende stijlen van omgaan met een schema:

JE ERAAN OVERGEVEN

Als iemand bijvoorbeeld kampt met het schema Minderwaardigheid/schaamte kan dat heel zichtbaar zijn aan de buitenkant: hij is verlegen, voelt zich voortdurend bekritiseerd en zoekt ook vrienden uit die hem bekritiseren, schaamt zich voor alles;

kortom, hij denkt, voelt en handelt alsof hij minderwaardig is. Hij geeft zich helemaal over aan het schema.

VERMIJDEN

Een andere manier van omgaan met hetzelfde schema (Minderwaardigheid/ schaamte) is het vermijden van gedachten, gevoelens en herinneringen die bij het schema horen. Bijvoorbeeld door situaties met veel mensen te vermijden, te vluchten in alcohol, geen intieme relaties aan te gaan. Misschien is zo iemand zich helemaal niet bewust van zijn eigen gevoelens van minderwaardigheid en schaamte; dit komt dan pas gedurende de therapie naar boven.

DE TEGENAANVAL/COMPENSEREN

Dit niet-bewust zijn kan ook gelden voor mensen die met het schema omgaan via de tegenaanval: iemand lijkt eerder over te lopen van zelfvertrouwen en zelfverzekerdheid, en probeert zichzelf en de wereld voortdurend te overtuigen dat hij zich niet minderwaardig voelt, maar het tegendeel: perfect, speciaal of onfeilbaar. Hij zoekt situaties op waarin hij applaus krijgt en zoekt personen om zich heen die hem bewonderen. Dit gaat echter ooit fout. Als er dan kritiek komt, of hij faalt, dan stort het kaartenhuis in elkaar en kan hij erg depressief worden.

Bij één persoon kunnen ook combinaties van de verschillende copingstrategieën voorkomen.

1.2.5
Modi

De schema's zijn niet altijd even zichtbaar in je gedrag. Wat wel zichtbaar is, zijn de uitingsvormen van de schema's in de vorm van copingstijlen. Soms echter is een gevoelstoestand zo overheersend, dat deze het meest op de voorgrond staat en het niet meteen duidelijk is welk schema daaronder ligt. Dit wordt een 'modus' genoemd. Een modus is een samenhangend geheel van denken, voelen en gedrag, een allesoverheersende gemoedstoestand. Iedere mens heeft deze modi; als je echter erg in je schema's verstrikt zit, lijkt het of deze modi je overvallen en elkaar afwisselen zonder dat je er greep op hebt. Patiënten met een persoonlijkheidsstoornis bevinden zich een groot deel van de tijd in ongezonde modi, zoals de Bestraffende ouder of de Afstandelijke beschermer (voor uitleg zie verderop). Je kunt leren modi te herkennen en jezelf te observeren wanneer ze een rol spelen in je denken, voelen en handelen. Dan krijg je een keuzemogelijkheid om er op een andere manier mee om te gaan, iets wat je niet hebt als je je er automatisch aan overgeeft. Een modus kan helpend zijn in therapie, bijvoorbeeld het Kwetsbare kind, omdat je door het ervaren van deze toestand contact maakt met vroege ervaringen. Andere modi, bijvoorbeeld de Afstandelijke beschermer, zijn juist belemmerend in therapie, omdat ze contact in de weg staan.

De zes modi zijn:
- de Afstandelijke beschermer;
- de Bestraffende ouder;
- het Boze kind;
- het Kwetsbare kind;
- het Blije kind;
- de Gezonde volwassene.

Figuur 1.1
Samenhang tussen schema's en modi.

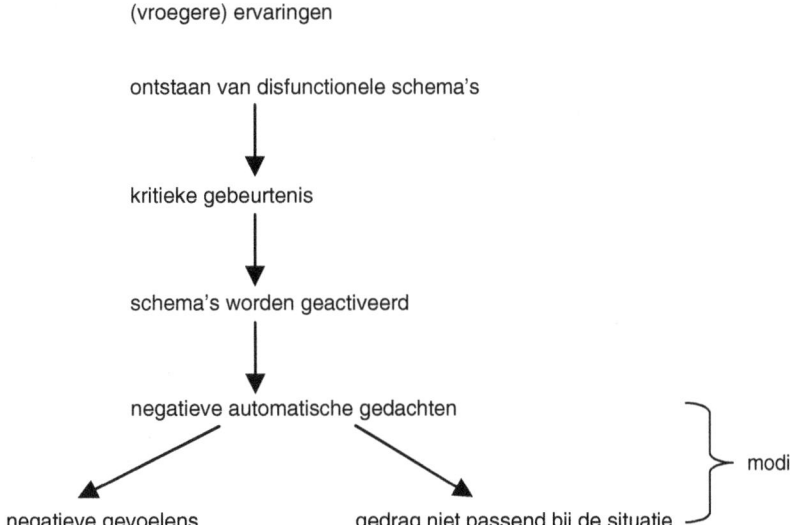

DE AFSTANDELIJKE BESCHERMER

Deze modus schermt alle gevoelens af; je houdt daarmee afstand van anderen. Je bent niet in contact met je eigen gevoel. De modus van Afstandelijke beschermer kan leiden tot symptomen als innerlijke leegte, verveling, misbruik van middelen, gevoel van vervreemding van jezelf, klagen en psychosomatische klachten. Tegelijk geeft de Afstandelijke beschermer een soort troost en koestering, soms via activiteiten die je alleen doet (zoals computeren, lezen, wandelen) of via het zoeken van stimulatie door bijvoorbeeld te hard werken of drugsgebruik.

Gedachten van de Afstandelijke beschermer:
- Het is gevaarlijk om te voelen.
- Het is gevaarlijk gevoelens, meningen of wensen te uiten of na te streven.
- Anderen zullen kwetsen, zijn niet te vertrouwen, dus ik moet afstand houden van anderen.
- Als ik voor iemand anders moet zorgen (bijvoorbeeld bij het verzorgen van de maaltijden of de koffie of het zorgen voor een zieke), hoef ik zelf geen emoties te voelen.

Manieren waarop de Afstandelijke beschermer tot uiting komt:
- niet denken, niet voelen, niet weten, niet praten;
- afleiden, drank, drugs, uitgaan, impulsieve seks, suïcidegedachten, eenzame activiteiten zoals computeren, tv-kijken;
- wegkruipen, slapen, dissociatie;
- je rationeel en schijnbaar volwassen opstellen;
- geen binding/persoonlijk contact met anderen aangaan;
- je clownesk gedragen.

Gevoelens die je ervaart als de Afstandelijke beschermer actief is:
- vlak, leeg;
- verveeld, ongeïnteresseerd;
- koel;
- als een robot of alsof je achter glas zit.

Problemen in de therapie:
- wegblijven;
- niet praten;

- niet werken aan de afgesproken therapiedoelen (huiswerk);
- niet voelen;
- dissociëren;
- psychosomatische klachten.

DE BESTRAFFENDE OUDER

De Bestraffende ouder is een soort stem van binnen die jou, je gedrag, je gevoelens en gedachten voortdurend afkeurt. Je geeft jezelf op de kop, scheldt jezelf uit en bent kritisch op bijna alles wat je doet.

'Boodschappen' van de Bestraffende ouder:
- 'Je bent slecht en verdient straf.'
- 'Je gevoelens, mening en wensen slaan nergens op en zijn verkeerd.'
- 'Je mag je gevoelens, mening en wensen niet uiten.'
- 'Je gevoelens, mening en wensen uiten, dient vooral om te manipuleren.'
- 'Als je iets naars overkomt, is dat je eigen schuld.'
- 'Het lukt jou toch niet.'

Manieren waarop de Bestraffende ouder tot uiting komt:
- jezelf straffen (onder meer automutilatie, te hard werken, niet of slecht eten, eetbuien en overgeven, suïcidepoging, jezelf leuke dingen verbieden, gemeen zijn naar jezelf);
- overmatige zelfkritiek of zelfvernedering;
- overmatige loyaliteit, meestal ten opzichte van je ouders.

Gevoelens die je ervaart als de Bestraffende ouder actief is:
- boos zijn op jezelf;
- zelfhaat;
- je schuldig voelen;
- machteloosheid;
- walging.

Problemen in de therapie:
- wegblijven, therapie afbreken;
- weigeren mee te werken (vanuit het idee dat je het niet waard bent);
- straf en afwijzing uitlokken bij groepsgenoten en therapeuten.

HET BOZE KIND

In deze modus is het overheersende gevoel boosheid, die soms de sterkte van een razende woede heeft. Die boosheid komt omhoog omdat door een opmerking of een gebeurtenis een oude pijn wordt aangeraakt. Die pijn heeft zijn oorsprong in het verleden en voert terug op het feit dat aan een of meerdere basisbehoeften niet of onvoldoende tegemoetgekomen is.

Gedachten van het Boze kind:
- Er wordt geen rekening met mij gehouden.
- Er wordt niet naar mij geluisterd, voor mij is er geen aandacht.
- Ik word niet gezien, er is geen zorg voor mij.
- Als ik niet vecht, word ik gepakt, misbruikt, verwaarloosd enzovoort.
- Zie je wel: het is zoals altijd, ook jou kan ik niet vertrouwen.

Manieren van uiten van het Boze kind:
- (heel heftige) fysieke en verbale agressie;

- woedeaanvallen, destructiviteit;
- heftige beschuldigingen;
- conflicten voeden en laten escaleren;
- kinderlijk en zwart-wit redeneren, alles of niets;
- impulsiviteit, onmiddellijke behoeftebevrediging;
- weglopen en met de deuren slaan.

Gevoelens die je ervaart als het Boze kind actief is:
- verontwaardigd, kwaad, woedend, (over het feit dat er niet aan je behoefte tegemoet wordt gekomen);
- gefrustreerd en ongeduldig.

Problemen in de therapie:
- fysieke en verbale agressie jegens anderen, bezittingen van anderen kapot maken of dreigen dat te doen;
- wegblijven zonder afmelding;
- weglopen;
- zoveel dreiging uitstralen dat anderen bang worden en je onvoldoende feedback durven geven.

HET KWETSBARE KIND

In deze modus voel je je hulpeloos en niet in staat je eigen behoeften te bevredigen of bescherming te vinden.

Gedachten van het Kwetsbare kind:
- Ik ben eenzaam.
- Ik ben verlaten.
- Ik ben hulpeloos/machteloos, klein en kwetsbaar.
- Ik kan het niet alleen.

Manieren van uiten van het Kwetsbare kind:
- wanhopig en overstuur zijn;
- koestering, troost, geruststelling, steun en bijval ontlokken.

Gevoelens die je ervaart als het Kwetsbare kind actief is:
- verdrietig, hulpeloos, eenzaam, hopeloos, wanhopig, bang, depressief, waardeloos, behoeftig, verloren, ongeliefd, paniekerig.

Problemen in de therapie:
- blijven hangen in de kwetsbaarheid, de kwetsbaarheid inzetten om te vermijden;
- als je te vaak en te gauw in de modus van het Kwetsbare kind terecht komt of er te lang in blijft zitten, kan het te zwaar worden, kun je gaan dissociëren of kan de angst erg oplopen.

HET BLIJE KIND

Het Blije kind is een modus waarin je speelt en geniet. Het is een toestand waarin je niet gehinderd wordt door schema's of negatieve gedachten. Je bent met aandacht bij wat je doet en geeft je over aan je handeling of waarneming in het hier en nu.

Gedachten van het Blije kind:
- Dit is leuk.
- Het is hier veilig.
- Ik geniet.

Manieren van uiten van het Blije kind:
- spontaan zijn;
- plezier hebben, gelukkig zijn;
- opgaan in de bezigheden; *flow* ervaren;
- creatief en ondernemend zijn.

Gevoelens die je ervaart als het Blije kind actief is:
- onbezorgd zijn;
- vrolijk zijn;
- genieten.

Problemen in de therapie:
- als je alles wat met het kind te maken heeft, ziet als 'kinderachtig', durf je weinig van je eigen 'kind' te laten zien;
- vrolijkheid kan ook een overcompensatie zijn, dan wordt het een leeg masker (Afstandelijke beschermer).

DE GEZONDE VOLWASSENE

Deze modus is het gezonde, volwassen deel van jezelf. De Gezonde volwassene helpt je in je emotionele basisbehoeften te voorzien. Het is degene die een situatie goed kan inschatten en competent reageert in het hier en nu. Het doel van het werken met de modi is de Gezonde Volwassene op te bouwen en sterker te maken, zodat je effectiever met de andere modi kunt omgaan en je een beter evenwicht vindt tussen je eigen behoeften en je omgeving.

Gedachten van de Gezonde volwassene:
- Als je problemen aanpakt, gevoelens verwerkt, moeilijkheden bespreekt, dan los je je problemen op.
- Ik kan leren, groeien, veranderen.
- Ik heb professionele hulp nodig.
- Ik ben de moeite waard.
- Er zijn mensen op wie ik kan vertrouwen.
- Om mijn doel te bereiken is het nodig om frustraties te verdragen en emotioneel moeilijke situaties niet uit de weg te gaan.
- Het is goed om gevoelens te uiten, het is niet erg om kwetsbaar te zijn.

Kenmerken van de Gezonde volwassene:
- hulp zoeken;
- aangaan van gezonde relaties;
- verantwoordelijkheid nemen in werk, partnerrelatie, ouderschap en dergelijke;
- plezierige activiteiten ondernemen, invullen van je vrije tijd;
- balans zoeken tussen verplichtingen en ontspannende activiteiten.

Gevoelens die je ervaart als de Gezonde volwassene actief is:
- het gehele scala aan menselijke gevoelens, zonder erdoor overspoeld te raken.

Problemen in de therapie:
- De Gezonde volwassene kan tijdelijk overweldigd worden door de andere toestanden, waardoor de voortgang van de therapie in gevaar komt.

De ongezonde modi kunnen zich naar aanleiding van kleine gebeurtenissen of opmerkingen heel snel afwisselen. Het is belangrijk dat iemand contact krijgt met de onderliggende gevoelens (Kwetsbare kind) en dat daarna de situatie besproken kan

Figuur 1.2
Heen en weer schieten tussen modi.

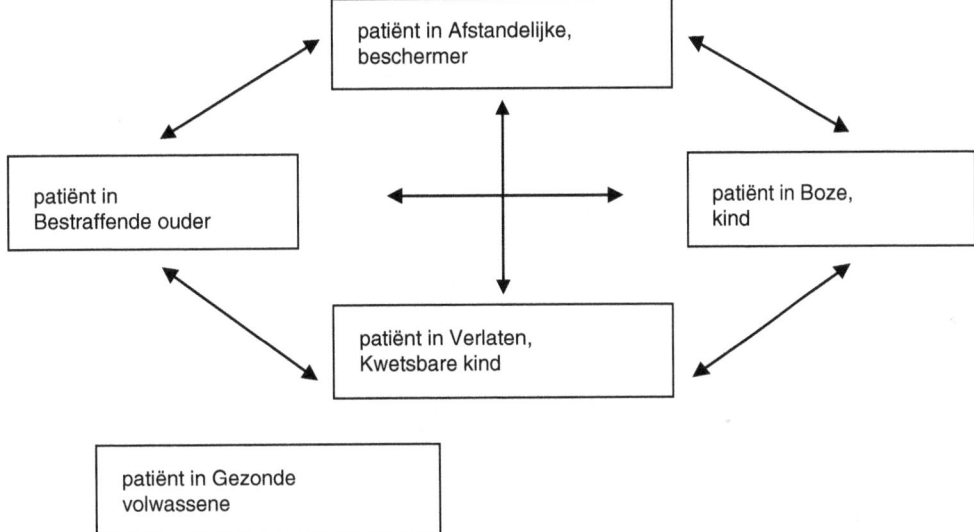

worden met de Gezonde volwassene. Vaak zie je in het therapieproces het volgende patroon:
Een voorbeeld van hoe in de therapie de modi zich heel snel kunnen afwisselen:

> Patiënte Annemiek zit in een groepsbijeenkomst. Ze maakt een afstandelijke en vervelde indruk, ze geeft aan dat ze niet wil praten. Als ze dit zegt, klinkt haar stem monotoon en vlak. Ze staart voor zich uit en zegt dat ze niets voelt, het maakt haar weinig uit wat anderen nog tegen haar zeggen (Afstandelijke beschermer).
> Een groepslid maakt haar attent op de schadelijke gevolgen van deze toestand. Annemiek antwoordt: 'Ik snap mezelf ook niet, ik ben ook zo stom, ik wil geen aandacht nu, want ik verdien het niet. Ik walg van mezelf, ik kan beter weggaan' (Bestraffende ouder).
> Iemand zegt vervolgens tegen haar dat het niet nodig is om een hekel te hebben aan zichzelf en vraagt zich af hoe ze erbij komt dat ze zo slecht zou zijn.
> Annemiek wordt dan boos en schreeuwt uit: 'Jij weet het ook altijd zo goed! Hoe haal je het in je hoofd om opmerkingen over mij te maken, ik zal het je betaald zetten!' Annemiek ziet eruit alsof ze in staat is om ergens mee te gaan gooien (Boze kind).
> Wanneer dan aan haar gevraagd wordt waarom en op wie ze eigenlijk zo boos is, kruipt ze een beetje in elkaar en begint ze te huilen. Ze snikt dat ze zo wanhopig is. Ze is zichtbaar verdrietig en heeft behoefte aan troost of steun (Kwetsbare kind).
> Ten slotte vertelt Annemiek op een open manier over wat haar dwars zit. Ze doet dit met respect voor zichzelf en neemt zichzelf serieus. Ze kijkt samen met de groep naar wat ze in deze situatie kan gaan doen om het probleem op een zo adequaat mogelijke manier het hoofd te bieden (Gezonde volwassene).

1.3
(Dag)klinische schematherapie in de praktijk

De behandeling van persoonlijkheidsstoornissen richt zich niet alleen op de symptomen van patiënten, zoals depressie, angsten, paniekaanvallen, verslavingen, problemen op het gebied van eten, slapen en seksualiteit, maar vooral op de schema's die hieraan ten grondslag liggen.

Voor de schema's geldt dat je er erg veel last van hebt, maar het tegelijk voelt alsof je 'zo bent' en ook altijd zo zal blijven. Dit betekent ook dat je het schema tegelijk *wel* en *niet* wilt veranderen. Daarnaast ben je je dikwijls weinig bewust van wat het effect van je eigen gedrag is op anderen. Deze drie dingen tezamen – de vertrouwdheid van de schema's, het wel en niet willen veranderen en weinig inzicht in het effect op de ander – maken het zo moeilijk om schema's te veranderen.

Omdat schema's betrekking hebben op het gebied van denken, handelen en voelen, is het nodig ook op al die drie gebieden aan het schema te werken om echt veranderingen te kunnen maken. Het is voor het doen van de therapie ook nodig dat je jezelf de theorie eigen maakt. Dat helpt je om:
- meer inzicht te krijgen in hoe je problemen ontstaan zijn;
- te zien wat je eigen bijdrage is bij het voortduren ervan;
- handvatten te verwerven waarmee je deze patronen kunt veranderen.

We vragen dus om zelfwerkzaamheid, niet alleen bij het doornemen van dit werkboek, maar ook tijdens de gehele therapie. We vragen je bij jezelf stil te staan, je overtuigingen en gevoelens onder de loep te nemen en nieuw gedrag uit te proberen. Als je meer over schematherapie wilt weten dan je in dit werkboek kunt vinden, kun je verder lezen in het boek *Leven in je leven* van Jeffrey Young.

1.3.1
Welke obstakels kun je tegenkomen?

Omdat schema's vaak al je gehele leven bestaan en ingesleten zijn in je persoon – net als een verslaving of een slechte gewoonte – is het niet gemakkelijk om ze te veranderen. Je moet echt gemotiveerd zijn voor verandering en de pijn ervoor over hebben. Het eist discipline en doorzettingsvermogen. Je moet systematisch en voortdurend, elke dag opnieuw, je schema's observeren en steeds opnieuw je gedrag veranderen. Constante oefening is een vereiste. Natuurlijk is dit niet eenvoudig. Het is hard en taai werk, waarbij je regelmatig obstakels en problemen zult tegenkomen.

MOGELIJKE OBSTAKELS EN OPLOSSINGEN

1. Je gaat in de tegenaanval en blijft anderen de schuld geven van jouw problemen. Of je gaat overcompenseren door maar hard te blijven werken, aardig te blijven of indruk te blijven maken op anderen. Een mogelijk experiment hierbij is: maak een lijst van alle keuzes in je leven waarvan je spijt hebt. Probeer de pijn die hoort bij je schema te voelen, van nu en van vroeger: wat wilde je vroeger en kreeg je niet? Of: probeer eens een beetje minder hard te werken en niet beter of meer te zijn dan een ander. Pas als je je gevoelens kan toelaten, maak je jezelf kwetsbaar genoeg om te veranderen.
2. Je probeert je schema niet te voelen, gaat bijvoorbeeld door met vluchten in alcohol. Je weet dat het pijn gaat doen om het schema en de onderliggende oorzaak onder ogen te zien en daar sluit je je voor af. Mogelijke oplossingen: herinner je je bewust een aantal situaties van vroeger die te maken hebben met het ontstaan van

jouw schema. Doe dit elke dag. Of: maak een lijst van voordelen en nadelen als je je gevoel blijft vermijden. Lees deze lijst elke dag door en herinner jezelf eraan waarom je dit doet. Stop een paar dagen met te veel drinken, eten, werken, medicijnen nemen en schrijf in een dagboek op hoe je je voelt.
3 Je bent het nog steeds eens met je schema, je gelooft er nog in. Zolang je blijft denken dat je echt minderwaardig bent aan anderen, dat situaties echt gevaarlijk zijn of mensen echt onbetrouwbaar, zul je niet veranderen. Een schema verdwijnt niet zomaar – je moet hem als het ware met een beitel weghakken, stukje bij beetje tot de kracht ervan minder wordt. Mogelijke oplossingen: blijf oefenen met argumenten om je schema te ontkrachten. Zoek zorgvuldig naar nieuwe argumenten uit gebeurtenissen in je leven. Vraag hulp bij de oefeningen van iemand die objectief commentaar kan geven. Of: schrijf de tegenargumenten op een kaartje, draag dat bij je en lees ze elke dag door.
4 Je realiseert je dat je schema niet klopt, maar je voelt het nog wel zo. Dit gebeurt heel vaak en kan een enorme blokkade zijn. Oplossingen: herinner jezelf eraan dat inzicht snel gaat, maar verandering langzaam. Geleidelijk aan zal je gezonde kant sterker worden en je schema zwakker. Heb geduld, het zal veranderen. Ervaringsoefeningen kunnen ook helpen, bijvoorbeeld: schrijf een dialoog op tussen je gezonde kant en je oude schema; wordt boos op je schema, huil over wat je vroeger hebt meegemaakt, voel de onrechtvaardigheden en de pijn. Of steek energie in het veranderen van oud gedrag dat je schema versterkt. Als je oud gedrag verandert, zie je meer bewijzen die tegen je schema ingaan, je zult nieuwe perspectieven zien. Vraag vrienden om hulp en steun; zij zien vaak beter dat je schema niet klopt.
5 Je bent niet systematisch en gedisciplineerd genoeg bezig met je verandering. Misschien doe je het te veel lukraak, sla je stappen over, ga je van het ene schema naar het andere zonder er één gedegen aan te pakken, wil je geen dingen opschrijven of sla je vervelende opdrachten over. Gestaag en langzaam voortgaan, de aanhouder wint, gaat hierbij ook op. Je schema lijkt op een rots die je met een beitel te lijf gaat; hoe minder je aan het werk bent met je beitel, des te langzamer gaat het. Systematisch en aanhoudend doorgaan levert het beste resultaat. Oplossingen: ga na of je alle oefeningen gedaan hebt en doe de oefeningen die je overgeslagen hebt alsnog. Neem elke dag een paar minuten om na te gaan of je vooruitgang hebt geboekt; lees je kaartjes opnieuw; ga na welke situaties die dag je schema activeerden; stimuleer jezelf om elke dag opnieuw dingen anders te voelen, denken en doen.
6 Er ontbreekt een belangrijk element in je actieplan: je zegt bijvoorbeeld wel vaker 'nee' tegen dingen, maar je zegt nog steeds niet wat je zelf graag wel wil. Oplossingen: vraag iemand om samen naar je actieplan te kijken en uit te zoeken wat er ontbreekt; kijk naar je lijst van gedragingen: ontbreken daar dingen in?

1.3.2

De therapie-instrumenten

In deze paragraaf worden de instrumenten uitgelegd die je zult tegenkomen in het werkboek. In het formulierenboek vind je nog meer instrumenten die je tijdens je behandeling kunnen helpen.
- Modidagboekkaart; met de modidagboekkaart breng je in kaart wat de aanleiding is geweest om een modus in te zetten.
- Schemadagboekkaart; met de schemadagboekkaart breng je in kaart wat er is gebeurd en welk schema getriggerd werd. Vervolgens construeer je een gezonde reactie op de situatie. Een schemadagboekkaart kun je alleen maken of in de groep.
- Geheugenkaart; met een geheugenkaart maak je van te voren een gezonde reactie op een trigger van een schema. Deze geheugenkaart kun je inzetten vóór en tijdens

de trigger, naar je eigen behoefte. Een geheugenkaart maak je samen met je therapeut of met een medepatiënt.
- Imaginatieoefening; met deze oefening van innerlijke concentratie kun je een schema beter voelen, de oorsprong van het schema in de kindertijd beter begrijpen en het schema koppelen aan de situatie in het hier en nu. De oefening wordt gedaan met de ogen dicht en de therapeut stelt vragen of doet suggesties om gevoelens bereikbaar en zo nodig hanteerbaar te maken.
- Meerstoelentechniek; met deze methode kun je met de verschillende modi werken om jezelf los te leren maken van een bepaalde modus. Je geeft de modus letterlijk een stoel, waardoor je in gesprek kunt gaan of het gevecht aan kunt gaan.

2 Stappen tot verandering

W. Adema, J. Blokland-Vos, G. Günther en M. Oudmaijer

2.1 Werken met de modi

2.1.1 De Afstandelijke beschermer

De Afstandelijke beschermer heb je in je jeugd ontwikkeld om met moeilijke situaties om te kunnen gaan. Hoewel hij je helpt om pijnlijke emoties niet te voelen, is hij voor volwassenen een schadelijke modus en belemmert hij de therapie. Het is dus van belang zo snel mogelijk uit deze modus te komen en over te schakelen op een andere toestand met meer emotie. In de therapie wordt hieraan gewerkt via het proces van vormgeven, stilstaan, bewust worden en benoemen van gevoelens en gewaarwordingen.

Als je Afstandelijke beschermer kracht verliest, begin je andere modi waar te nemen. Vaak is dat in eerste instantie de Bestraffende ouder (je wordt boos op jezelf) of het Boze kind (je wordt boos op anderen, vaak therapeuten of een groepsgenoot). Uiteindelijk is het belangrijk om contact te maken met het Kwetsbare kind, waarvan je de gevoelens wilde beschermen omdat ze pijnlijk, beangstigend of beschamend waren.

Stappen:
- Ga in de vaktherapie aan het werk met veiligheid. Creëer een veilige plek voor jezelf. De veilige plek vervangt de schijnveiligheid van de Afstandelijke beschermer. Ook kun je via imaginatieoefeningen in contact komen met een veilige plek.
- In de vaktherapie is het belangrijk mee te doen, echt in de oefeningen te stappen, zodat je ervaringen opdoet en je hier bewust van wordt. Bijvoorbeeld contact met het materiaal, met je lichaam, met de ruimte, met het spel.
- In beeldende therapie heb je de mogelijkheid om je Afstandelijke beschermer uit te beelden en later terug te zien.
- In dramatherapie kun je situaties uit je jeugd naspelen en kijken wat die bij je oproepen.
- Door de modidagboekkaart in te vullen, kun je de Afstandelijke beschermer leren herkennen in actuele problemen of symptomen.
- Neem voorwerpen uit je jeugd die belangrijk voor je zijn mee en vertel erover; maak er eventueel een 'tentoonstelling' van.
- Zoek oude foto's of fotoboeken of filmpjes op en bekijk ze samen met groepsgenoten en vertel erover.
- Zet de voor- en nadelen van voelen op een rij.
- Bij de meerstoelentechniek kun je een dialoog tussen de Afstandelijke beschermer en het Kwetsbare kind voeren.

2.1.2

De Bestraffende ouder

De Bestraffende ouder is een destructieve modus, die je in de loop van de behandeling moet leren herkennen, tegenspreken, uitschakelen en vervangen door de Gezonde volwassene.

Stappen:
- Via het invullen van de modidagboekkaart kun je de Bestraffende ouder leren herkennen in het hier en nu.
- In beeldende therapie heb je de mogelijkheid om je Bestraffende ouder uit te beelden en later terug te zien.
- In dramatherapie kun je de Bestraffende ouder door anderen laten vertolken, waardoor duidelijker wordt waar de bestraffendheid uit bestaat.
- Via imaginatieoefeningen kom je bij de oorzaak van je Bestraffende oudermodus; dat kan je helpen om de Bestraffende ouder meer los van jezelf te gaan zien.
- Bij de meerstoelentechniek kun je een dialoog voeren tussen de Bestraffende ouder en de Gezonde volwassene. Dat kan je helpen om je bewuster te maken van de Bestraffende ouder. Daarna kun je oefenen om de Bestraffende ouder steeds krachtiger tegen te spreken.
- Je kunt leren de Bestraffende ouder te bestrijden: je oefent kracht uit tegen de Bestraffende ouder. Je kunt de Bestraffende ouder letterlijk verscheuren of verbranden in beeldende therapie, de deur uit werken in dramatherapie of psychotherapie, verslaan in psychomotorische therapie.
- Je kunt ook leren dus modus los te laten. Op een gegeven moment ken je die bestraffende stem wel en laat je hem gewoon bestaan zonder er aandacht aan te geven. Je kiest voor jezelf en laat je niet meer leiden door de Bestraffende ouder.

2.1.3

Het Boze kind

Het Boze kind moet de ruimte krijgen om zich te uiten. Met de boosheid worden kwetsbare gevoelens op afstand gehouden. Als er echt geluisterd wordt en betrokken wordt gereageerd, komt vaak een volgende modus naar boven, namelijk die van het Kwetsbare kind.

Stappen:
- Ruimte geven aan het Boze kind betekent eigenlijk laten zien en horen wat je zo boos maakt. Dit kun je in alle gestructureerde therapieën doen en in de ongestructureerde tijd tussen therapieën door (zolang je jezelf en anderen geen letsel toebrengt).
- In de vaktherapieën kun je oefenen met je boosheid niet alleen verbaal te uiten, maar ook contact te maken met je lijf hierbij. Je kunt de bewegingen groter maken, je kracht uitproberen in het krassen op papier of timmeren, schoppen, duwen of boksen.
- Het is belangrijk dat het niet blijft bij het uitageren alleen. Lucht geven aan je irritaties, frustraties of jaloezie levert je alleen een kortetermijnoplossing op. Het gaat erom in contact te komen met dat waarover jij in wezen boos bent; het gaat over je onvervulde basisbehoeften.

Bij mensen met de schema's Op je rechten staan en Onvoldoende zelfcontrole/zelfdiscipline kan het Boze kind de vorm krijgen van 'overdrijver'. Hierbij wordt de eenzaamheid van het kind gecompenseerd door de strijd aan te gaan en op zoek te gaan naar status en erkenning. De houding kan kritisch of superieur zijn, jaloers op anderen, niet invoelend. In dit geval moet het Boze kind begrensd worden.

2.1.4
Het Kwetsbare kind

Het doel bij het werken met de modi van de Afstandelijke beschermer, de Bestraffende ouder of het Boze kind is om terecht te komen bij deze modus. Vanuit hier zijn de schema's voelbaar en kunnen zij bewerkt worden. In het werk aan de schema's kunnen regelmatig angsten en verlangens zichtbaar worden, bijvoorbeeld de angst voor hechting en intimiteit of straf en afwijzing, of het verlangen om meer te willen dan mogelijk is, bijvoorbeeld meer tijd, aandacht of zorg, binnen de therapie of in je leven. Dit alles kan in de therapie aan de orde komen, waarbij steeds het verschil tussen vroeger en nu benadrukt wordt. Uiteindelijk is het belangrijk om je modus van Gezonde volwassene te verstevigen en zorg te leren dragen voor de modus van Kwetsbaar kind.
Als de modus Kwetsbare kind zich voordoet, stel je dan open voor aandacht, nabijheid en troost. Het is een authentieke gemoedstoestand.

Stappen:
- In de imaginatieoefeningen van je veilige en onveilige plek kom je in contact met het Kwetsbare kind. Van daaruit kun je geholpen worden om tot verdere groei en heling te komen.
- Met de meerstoelentechniek kan je leren zorg te dragen voor het Kwetsbare kind.
- Via het schrijven van brieven kun je in contact komen met de modus Kwetsbaar kind en beschrijven wat je nodig hebt.
- In de vaktherapieën kun je oefenen met getroost worden en jezelf troosten, bijvoorbeeld door lichamelijke nabijheid en contact, door je te laten wiegen, door samen te werken, door te kleien of schilderen.
- In de beeldende therapie kun je je Kwetsbare kind uitbeelden in materiaal en kun je van daaruit zoeken naar de behoeften van het kind.
- In de woonkamer en in de ongestructureerde tijd kun je oefenen met getroost worden en jezelf troosten. Denk aan bijvoorbeeld lekker koken, klussen, tuinieren, in bad gaan, naar muziek luisteren, zelf muziek maken, voorgelezen worden, kaarsen aansteken.

2.1.5
Het Blije kind

Belangrijk in het werken met de modus Blij kind is het ruimte geven aan positieve gevoelens en hiernaar te handelen.

Stappen:
- Leer je aandacht te focussen op het hier en nu. Sommige mensen leven alleen in de toekomst of in het verleden, maar er is geen ander moment dan het nu waarin je geluk kan ervaren.
- Neem de interesses en de passies die je ervaart in deze modus serieus. Van daaruit kun je richting geven aan de invulling van je vrije tijd, maar ook aan je opleiding en/of werk, keuze van woonplek.
- Geef je creativiteit de ruimte.
- De verschillende vaktherapieën bieden veel mogelijkheden om ruimte te geven aan creativiteit, spontaniteit en het plezier beleven.

- Handelingen om je aan over te geven zijn bijvoorbeeld koken, wandelen, schilderen, poetsen, sporten, muziek enzovoort.

2.1.6
De Gezonde volwassene

In therapie ga je deze modus ondersteunen en versterken, je steeds meer eigen maken en laten groeien. Hij kan te heftige emoties temperen, relativeren en controleren. Hij koestert, troost en beschermt het Kwetsbare kind. Hij geeft ruimte aan het Blije kind en stelt grenzen aan het Boze kind. De Gezonde volwassene kan de Bestraffende ouder de deur wijzen en de Afstandelijke beschermer bestrijden.

Stappen:
- Zie de therapeut of groepsgenoten als gezonde volwassenen. Laat ze je helpen om de strijd aan te gaan met jouw Afstandelijke beschermer of Bestraffende ouder. Laat ze grenzen stellen aan je Boze kind en zorgen voor je Kwetsbare kind.
- Ga je Gezonde volwassene verstevigen door taken op je te nemen, door bijvoorbeeld plaats te nemen in commissies of groepsvertegenwoordiger te worden.
- Loop niet weg voor moeilijke situaties, maar pak ze aan en praat erover.
- Ga situaties in je jeugd na waarin je je goed overeind gehouden hebt ondanks de moeilijkheden en word je daardoor bewust van de kracht en de mogelijkheden die je al in je hebt.
- Ga steeds meer ruimte innemen in de therapieën, wees betrokken op anderen.
- Kies in de vaktherapieën voor werkvormen die je liggen, die je leuk vindt om te doen, waar je kracht ligt en versterk die kracht door er vormen voor te vinden en daaraan te blijven werken en ga hierin met anderen samenwerken. Laat je steeds meer horen en zien.
- Ga zelf je Afstandelijke beschermer bestrijden en ga zelf de strijd aan met je Bestraffende ouder, leer je Boze kind zelf te begrenzen, bijvoorbeeld in imaginatie, met de stoelentechniek, in de vaktherapieën.
- Ga stappen nemen tot verandering, durf te vertrouwen, durf je kwetsbaar te laten zien.
- Leer jezelf te troosten en wordt bewust wat je Kwetsbare kind nodig heeft.
- Ga na welke aspecten van de Gezonde volwassene voor jouw leven buiten de therapie belangrijk zijn in het aangaan en onderhouden van relaties, opleiding, werk en vrije tijd.

2.2
Werken met de schema's

In dit deel van het werkboek worden de vijftien schema's beschreven met de bijbehorende kenmerkende overtuigingen, gevoelens, oorzaken en valkuilen in relaties. Per schema worden tevens de stappen tot verandering besproken. We geven hier voorbeelden waarin je je wellicht zult herkennen. Het is echter belangrijk dat je voor jezelf nagaat welke gedachten en gevoelens er voor jou individueel een rol spelen, en dat je dit bespreekt met je groepsgenoten en therapeuten. De voorgestelde stappen zijn geen recepten om beter te worden, maar voorbeelden hoe je het aan kan pakken. Er zijn altijd ook nog andere mogelijkheden. Bedenk ook dat het bespreken van de opdrachten met de groep en therapeut zeer belangrijk is, bijvoorbeeld bij het invullen van schemadagboekkaarten of bij het maken van lijsten.

2.2.1
Schema Verlating/instabiliteit

BESCHRIJVING

Verlating gaat over de angst dat de mensen van wie je houdt, je zullen verlaten en je uiteindelijk altijd emotioneel geïsoleerd zult blijven, alleen en eenzaam. Je bent bang dat mensen die je nabij zijn je in de steek zullen laten, bijvoorbeeld omdat ze dood zullen gaan, zullen verhuizen of omdat ze aan iemand anders de voorkeur geven. Er is een tekort aan de basisbehoefte Veiligheid en je hebt moeite om die veiligheid te ervaren, zowel als je alleen bent als met anderen.

OVERTUIGING

Je basale gedachten zijn dat je alleen en in de steek zult worden gelaten, wat je ook doet. Dat is het doemscenario dat volgens jou waarheid zal worden. Door deze opvatting reageer je in je gedrag met een teveel vastklampen aan anderen die je dierbaar zijn. Hierdoor zullen ze je ze juist verder van je weg duwen, omdat je hen te veel claimt vanuit de angst dat ze niet bij je zullen blijven. Of je houdt mensen juist op afstand en probeert – om dezelfde reden – niet te veel bij hen betrokken te raken.

GEVOELENS

Zelf zul je geschokt, angstig of boos reageren als iemand, al is het maar voor even, van je weggaat. Angstgevoelens vanuit de overtuiging van onvoorspelbaarheid en onveiligheid staan voorop. Als iemand zegt dat hij weggaat of als hij niet op komt dagen, stijgt de angst dat het nu zover is, dat de ander je verlaten heeft. Verder staan gevoelens van verdriet op de voorgrond, steeds als je een afscheid meemaakt. Je boosheid over het verlaten zijn, kan heel groot zijn.

Er zijn twee verschillende typen van het schema Verlating/instabiliteit:
1 Gebaseerd op *instabiliteit of verlies*, ontstaan in een omgeving die emotioneel niet stabiel was. Als je ouders, broers of zussen of nabije vrienden onberekenbaar waren, kun je het niet verdragen om alleen gelaten te worden door mensen waar je van houdt, omdat je dan het gevoel hebt de verbinding te verliezen met de gehele mensheid. Je kunt verder wel onafhankelijk functioneren – je hebt de ander nodig om je op je gemak te voelen, niet om te overleven. Een andere uiting is dat je intieme relaties vermijdt uit angst opnieuw gekwetst te worden.

2 Gebaseerd op *afhankelijkheid*, ontstaan in een omgeving die te beschermend was. Het schema Afhankelijkheid speelt dan ook een rol: het gevoel dat je leven afhangt van de ander, dat je alleen niet kunt overleven (praktische afhankelijkheid). Je hebt vaak een aantal mensen om je heen dat voor je zorgt. Je vindt na verlies van een partner heel snel een nieuwe persoon om op te steunen.

OORZAKEN VAN HET SCHEMA VERLATING/INSTABILITEIT

1 Aangeboren: je kunt vanaf de geboorte een verhoogde aanleg voor scheidingsangst hebben en moeilijk alleen kunnen zijn.
2 Eén of beide ouders is gestorven of van je weggegaan toen je nog klein was.
3 Je moeder of vader heeft een tijd in het ziekenhuis gelegen of was lang van je gescheiden toen je klein was, bijvoorbeeld als je zelf een tijd in het ziekenhuis gelegen hebt.
4 Je bent opgevoed door verschillende kindermeisjes of je hebt vanaf jonge leeftijd in een tehuis gewoond of op een kostschool gezeten.
5 Je moeder of vader was niet stabiel; hij/zij was bijvoorbeeld depressief, dronk of was onberekenbaar.
6 Je ouders zijn vroeg gescheiden of maakten zoveel ruzie dat je bang was dat ze uit elkaar zouden gaan. De sfeer was vaak gespannen en onveilig.
7 Je bent de aandacht van een van je ouders kwijtgeraakt, bijvoorbeeld door hertrouwen of een nieuw broertje of zusje.
8 Je gezin klitte heel erg aan elkaar; je werd overbeschermd en hebt als kind nooit geleerd om met onverwachte situaties om te gaan.

VALKUILEN BIJ HET SCHEMA VERLATING/INSTABILITEIT

Als het schema Verlating/instabiliteit heel sterk is, zal het ook een rol spelen in je vriendschappen en in je contacten met therapeuten en groepsgenoten. Ook daar reageer je mogelijk overgevoelig op elke dreiging van scheiding of in de steek gelaten worden, bijvoorbeeld wanneer een therapeut ziek wordt of een groepsgenoot met ontslag gaat of als iemand wegloopt uit de groep. In situaties in je omgeving en in therapie kun je tegen het volgende aanlopen:
1 Je vermijdt het gevoelens te krijgen voor mensen die om jou geven.
2 Je hebt de neiging je therapeut op een afstand te houden, niet het achterste van je tong te laten zien.
3 Je voelt je heel snel aangetrokken tot iemand, maar het andere moment denk je dat je zo snel mogelijk van hem of haar af moet, het (nabije) contact voelt 'gevaarlijk'.
4 Je bent overmatig bang dat iemand in je nabije omgeving dood zal gaan en/of je zal verlaten.
5 Je bent geneigd een vriend of vriendin uit te kiezen die al gebonden is of weinig beschikbaar is (bijv. veel reist, opgaat in zijn werk, ver weg woont, kinderen heeft), die emotioneel instabiel is, die ambivalent is jegens jou of die juist graag vrij en ongebonden wil zijn.
6 Je reageert heftig op kleine, mogelijk onbelangrijke, zaken die een nabij persoon tegen je zegt of doet, omdat je ze interpreteert als teken dat hij of zij je in de steek wil laten.
7 Je bent erg jaloers en bezitterig, je ziet elk contact van die ander met iemand anders dan jou als een teken van verlating.
8 Je houdt je liever op de vlakte dan je kwetsbaarheden te tonen. Dit doe je door oppervlakkige en vluchtige contacten te onderhouden.
9 Als er sprake is van een groeiende nabijheid, voel je veel angst en heb je de neiging om weg te gaan, te vluchten.
10 Je bent er nooit van overtuigd dat vrienden zullen blijven of dat je partner bij je zal blijven of dat een contact kan blijven bestaan als je elkaar niet meer frequent ziet.

11 Je hebt erg veel moeite met afscheid, hoe klein ook; je neigt tot het uitstellen of vermijden hiervan of zorgt dat je afstand houdt. Soms verlaat jij die ander of trek je je terug om hem of haar te 'straffen'.
12 Je voelt je alleen en eenzaam als iemand waar je veel om geeft van je weggaat, al is het maar voor even.
13 Je blijft beweren dat jij niemand nodig hebt, dat je het juist prettig vindt om alleen te zijn en het maar raar of belachelijk vindt als anderen anders beweren. Je kiest er dan voor om solitair te leven (maar toch voel je je eenzaam).

STAPPEN TOT VERANDERING

1 Ga over jezelf vertellen aan groepsgenoten, zowel binnen als buiten de gestructureerde therapie.
2 Maak een eigen, veilige, prettige plek. Ga hiermee ook binnen vaktherapieën aan de slag, geef je eigen plek vorm, beeld deze uit. Zorg er ook voor dat je eigen huis een veilige plek voor je is.
3 Maak een lijst van mensen in je nabije omgeving tot wie je je erg aangetrokken voelt, maar die je ook weer net zo snel weer wilt afstoten. Maak schemadagboekkaarten om in kaart te brengen op welke momenten dit gebeurt, wat er vlak daarvoor gebeurde, hoe je je voelde, wat je dacht en wat je daarna deed.
4 Ga voor jezelf allerlei gevoelens van verlating na in je huidige leven. Door wie voel je je verlaten en bij welke gelegenheden? Hoe is het voor je als een groepsgenoot afscheid neemt of als een therapeut ziek is of op vakantie gaat? Maak een lijst van je vriendschappen en liefdesrelaties en ga na wat er precies misging: had je een verkeerd persoon gekozen, hing je te veel aan hem/haar, was je te jaloers?
5 Leer je angst kennen, je angst voor nabijheid, maar ook die voor verlating. Hoe voel je dit aankomen, wat gebeurt er in je lijf en hoe ben je geneigd te reageren? Bijvoorbeeld: word je boos op de ander, juist verdrietig of trek je jezelf terug? Psychomotorische therapie biedt hierbij veel mogelijkheden om te oefenen.
6 Probeer de verlating te begrijpen. Heb je een aangeboren neiging tot dit schema? Reageerde je altijd al moeilijk bij verlatingen (logeren, eerste schooldag)? Probeer met je ogen dicht allerlei beelden van vroeger boven te laten komen. Als het veilig genoeg is, doe dan een imaginatieoefening in de groep.
7 Ga aan de slag met rouwverwerking. Beeld het verhaal van de verlating uit of zet het in scène. Schrijf een brief aan degene die je mist. Misschien is het goed om bewust afscheid te nemen door middel van een ritueel.
8 Ga aan jezelf werken door naar je eigen mogelijkheden te zoeken en te leren je alleen te vermaken.
9 Als je oude, te veel in het schema passende relaties hebt beëindigd, ga dan op zoek naar nieuwe contacten en vermijd daarbij de valkuilen.
10 Besteed voldoende aandacht aan de momenten van afscheid tijdens de therapie.
11 Vermijd onstabiele partners ook al trekken ze je misschien het meest aan. Juist als je heel veel aantrekking en opwinding voelt, moet je alert zijn: is dit niet juist een partner die je schema in werking zet?

2.2.2
Schema Wantrouwen/misbruik

BESCHRIJVING

Met dit schema ben je geneigd in het contact met de ander voortdurend op je hoede te zijn. Zo stel je je niet open voor relaties met anderen, laat je niet het achterste van je tong zien, waardoor relaties vaak oppervlakkig blijven of gebaseerd zijn op aanpassing aan elkaar. Aan de andere kant kan het juist zo zijn dat je kiest voor mensen die je opnieuw misbruiken, vernederen of beledigen, waardoor je wantrouwen bevestigd wordt. Deze herhalingsdwang heeft een aantal redenen: mensen zoeken een bekende situatie op. Ze gebruiken daarin de voor hen bekende overlevingsmechanismen, bijvoorbeeld de Afstandelijke beschermer en hoeven zich dan niet kwetsbaar te tonen. De emotionele spanning van bijvoorbeeld een situatie met misbruik en vernedering geeft vaak ook een bepaalde kick en opwinding; mensen die daaraan gewend zijn, vinden een zorgzame, tedere partner vaak saai. Ook kan er steeds de hoop zijn nu wel veiligheid te voelen bij de ander en kan iemand met dit schema zich juist te veel aan iemand geven.

Bij dit schema komt heel vaak zelfbeschadiging voor. Dit kan verschillende betekenissen hebben, bijvoorbeeld zelfbestraffing in verband met schuldgevoelens, om de gevoelloosheid te doorbreken of om lichamelijke pijn te voelen in plaats van emotionele pijn.

Opvallend is dat mensen met dit schema zich vaak grote delen van hun kindertijd niet meer herinneren.

OVERTUIGING

Je basisovertuiging is: 'niemand is te vertrouwen' en: 'als ik iets over mijzelf onthul, zal dat tegen me gebruikt worden'. Mensen met het schema Wantrouwen/misbruik zijn ervan overtuigd dat andere mensen hen zullen gebruiken voor hun eigen behoeften. Je gelooft dat anderen je zullen bedriegen, tegen je zullen liegen, je zullen manipuleren en vernederen of je zelfs lichamelijk pijn zullen doen. Je weet zeker dat je onrechtvaardig behandeld zult worden en jouw eigen behoeften volledig genegeerd zullen worden. Je bent er ook van overtuigd dat je benadeeld of bedrogen wordt door de ander en dat je altijd aan het kortste eind zult trekken. Het idee overheerst dat de wereld onveilig is en je verwacht dat jezelf steeds opnieuw slachtoffer zult worden. Het gevolg hiervan is dat je het gevoel hebt jezelf te moeten beschermen tegen de ander. Je gaat je verbergen achter een muur en zal anderen niet (te) dichtbij laten komen.

GEVOELENS

Dit wantrouwen en de gedachte dat je hulpeloos bent, zorgt voor een basisangst. Die angst uit zich bijvoorbeeld in schrikachtigheid en lichamelijke klachten. Het schema zorgt ook voor veel boosheid en verdriet over wat er met je gebeurd is in het verleden. Veel mensen met dit schema hebben last van schaamte en schuldgevoelens.

OORZAKEN VAN HET SCHEMA WANTROUWEN/MISBRUIK

1 Je ouders of belangrijke anderen hebben je vertrouwen regelmatig op de proef gesteld of beschadigd.
2 Je moest meermalen dingen tegen je zin doen onder dreiging van straf of verlating.
3 Je werd regelmatig gewaarschuwd om anderen niet te vertrouwen (bijvoorbeeld gescheiden ouders die de andere ouder als niet-betrouwbaar neerzetten).
4 Je werd seksueel misbruikt of aangeraakt op manieren die seksueel grensoverschrijdend waren.
5 Eén of beide ouders zochten lichamelijk contact bij je op een manier die voor jou niet goed voelde of je werd als kind bij seksuele handelingen of uitingen van ouders of andere volwassenen betrokken.
6 Je bent als kind door een of beide ouders, verzorgers of belangrijke anderen, lichamelijk mishandeld dan wel bedreigd of je was getuige van lichamelijke mishandeling of bedreiging van familieleden.

7 Mensen in je gezin waren onbetrouwbaar; je werd verraden, ze maakten misbruik van je zwakheden, ze manipuleerden of chanteerden je, logen tegen je, hielden dingen voor je achter of maakten beloften waaraan ze zich niet hielden.
8 Iemand in je directe omgeving had er plezier in om je te zien lijden.
9 De mensen in je directe familie waren tegen je, vernederden of kwetsten je regelmatig, ze scholden je uit of ondermijnden je als persoon.

VALKUILEN BIJ HET SCHEMA MISBRUIK/WANTROUWEN

1 Je hebt al snel het idee dat iemand niet te vertrouwen is, je bent steeds op je hoede, denkt wel tien keer na voordat je ingaat op een uitnodiging. Of juist het tegenovergestelde: je hebt al heel snel een grenzeloos vertrouwen in iemand en gaat onmiddellijk mee in wat de ander zegt.
2 Je bent geneigd steeds het slechtste te denken van wat een ander zegt en kunt de positieve dingen eigenlijk niet geloven.
3 Je bent geneigd delen van jezelf uit te schakelen, niet meer te voelen of afstand tot jezelf te bewaren als je bang voor iemand bent.
4 Je blijft afstand bewaren, durft jezelf niet te geven en bent bang voor anderen, al weet je niet waarom. Je wilt dan ook liever geen persoonlijke dingen vertellen of je zwakheden laten zien.
5 Je zegt 'ja' als iemand vraagt of je wel eerlijk bent, maar vindt het veel te gevaarlijk om echt te zeggen wat je denkt.
6 Je laat andere mensen je slecht behandelen, omdat je bang voor hen bent of omdat je denkt dat dit is wat je verdient of omdat je denkt dat het beter is dan alleen te blijven.
7 Lichamelijk contact is eng of moeilijk; intimiteit vermijd je liever. Van seks genieten kost je veel moeite, je ziet het als een verplichting of vermijdt het helemaal. Ook kan het zijn dat je geen goede grens ervaart tussen seksualiteit en intimiteit en niet goed weet wat bij wat hoort.
8 Je hebt de neiging gemeen te zijn tegen de ander, de ander om zijn zwakheden te beschimpen en hem of haar te vernederen. Je hebt duidelijk een sadistische of wrede kant, al laat je die niet (altijd) zien. Het komt bijvoorbeeld tot uiting in de gedachten die je hebt, zoals in sadomasochistische fantasieën.
9 Je hebt de neiging je onderdanig en afhankelijk op te stellen en de ander de dienst uit te laten maken.
10 Je behoeften worden niet gerespecteerd door de ander, terwijl de ander er steeds voor zorgt dat hij of zij wel aan eigen behoeften toekomt.
11 Je lijkt steeds maar weer contacten aan te gaan die niet te vertrouwen blijken te zijn, bijvoorbeeld financieel, lichamelijk of emotioneel. De ander is onbetrouwbaar, liegt, bedriegt, manipuleert, bedreigt of slaat je om zijn of haar zin te krijgen, is een bedrieger op zakelijk gebied of maakt misbruik van je zwakheden. Je wordt gedwongen tot seksuele handelingen, dingen die je liever niet of niet op dat moment doet, maar je gaat er toch in mee.

Opmerking: hoewel je zelf misschien denkt dat het beter is een partner te hebben die je misbruikt dan helemaal geen partner, is dat niet zo. Als je alleen blijft, heb je in elk geval de kans om je gevoel van eigenwaarde weer op te bouwen en je te herstellen, zodat je een partner kunt vinden die je anders behandelt.

STAPPEN TOT VERANDERING

1 Overweeg ernstig het contact te stoppen met degene(n) die je misbruikt heeft (hebben). Bij ernstig misbruik en in het geval je nog steeds misbruikt wordt, is dit een basisnoodzaak, omdat een dader steeds je schema bevestigt. Het is bijna niet mogelijk te herstellen in een giftige omgeving.

2 Ga na wat veiligheid en onveiligheid voor je betekent. Maak in de therapie een veilige plek voor jezelf. Doe dat ook voor je thuissituatie. Ga ook in de vaktherapieën aan de slag met veiligheid en eigen plek.
3 Onderzoek waar je grenzen zijn; laat je over je grenzen gaan of geef je ze juist aan? Oefen in vaktherapieën. Maak een lijst met momenten waarbij je over je grenzen ging en momenten waarop je ze aangaf. Word je bewust van de signalen die jouw lichaam je geeft. Daarbij kun je gebruikmaken van schemadagboekkaarten.
4 Ga aan het werk met een signaleringsplan om bewust te worden van de stappen die voorafgaan aan bijvoorbeeld zelfbeschadiging, drankmisbruik of dissociatie of nieuwe situaties van misbruik.
5 Probeer aan mensen om je heen uit te leggen dat je moeite hebt met vertrouwen en waarom. Ze kunnen je dan beter begrijpen waarom je vaak zo op je hoede bent. Vraag een ander ook iets over zichzelf te vertellen, steeds als jij je kwetsbaar opstelt of wilt opstellen. Als de ander hierop in gaat, is het makkelijker voor jou om ook iets van jezelf te laten zien. Vraag verduidelijking en uitleg als je iets niet vertrouwt.
6 Laat steeds iets meer over jezelf los, beetje bij beetje, en ga na of het veilig is dit te doen. Ga binnen de vaktherapieën aan de slag met vertrouwensoefeningen en oefeningen om te leren loslaten. Probeer mensen die het verdienen dichterbij te laten komen en te vertrouwen. Probeer je muur steeds iets lager te maken.
7 Schrijf positieve ervaringen en situaties van veiligheid en vertrouwen in een schrift en deel deze met groepsgenoten.
8 Breng signalen die je doen denken aan het misbruik, de mishandeling en het bedrog in kaart, bijvoorbeeld met behulp van schemadagboekkaarten. Sta erbij stil en overweeg of het een situatie is die je moet ontlopen omdat het echt onveilig is, of een situatie die je moet aangaan om een nieuwe positieve ervaring op te kunnen doen.
9 Werk het misbruik uit door middel van beeldend werk. Neem er de tijd voor zodat je het kunt gaan begrijpen en verwerken.
10 Als je eraan toe bent, kun je door middel van imaginatieoefeningen herinneringen van misbruik en/of extreme onveiligheid oproepen en de incidenten (het liefst onder leiding van de therapeut) in de herinnering oproepen en gaan verwerken met alle gevoelens die erbij horen. Je kunt dan in je verbeelding stoppen met je hulpeloos voelen of jezelf voorstellen als ouder, die goed bewapend is, zodat je je gevoelens kunt uiten.
11 Zet je verhaal van het misbruik in dramatherapie in scène om het te verwerken.
12 Maak contact met je lichaam en word je bewust van wat je lichaam je te vertellen heeft over het misbruik.
13 Leer je woede kennen. Je kunt oefenen met het uiten ervan, vooral in vaktherapieën. Je kunt tijdens de imaginatieoefeningen je boosheid op de dader uiten.
14 Je kunt een brief schrijven naar de dader, in eerste instantie om alles voor jezelf op papier te hebben. Bespreek de brief met je groepsgenoten, in psychotherapie of dramatherapie. Daarna kun je besluiten of je de brief ook wilt versturen. Het belangrijkste is dat je je uitspreekt en al je gevoelens hieromtrent uit. Het kan al voldoende zijn dat je je gevoelens ervaart en kan gaan verdragen.
15 Leer ook je 'wrede kant' kennen. Probeer deze kant te begrijpen in het licht van je eigen geschiedenis. Stop zelf met misbruiken, bedriegen en manipuleren van anderen. Er is geen excuus voor misbruik. Vertel hen dat je beseft dat je verkeerd hebt gehandeld en vraag hen om vergeving. Als je geen vergeving krijgt, probeer dat dan te verdragen en geef de ander de tijd.
16 Ontdek je lichaam opnieuw, wees er aardig voor, verzorg het door lotions, een bad nemen, enzovoort. Oefen met aanraken en aangeraakt worden, probeer zo veel mogelijk van je lijf te genieten.

2.2.3
Emotioneel tekort

BESCHRIJVING

Mensen met dit schema hebben weinig zorg voor zichzelf; ze doen dikwijls wel veel voor anderen, maar krijgen er te weinig voor terug. Zo kom je aandacht en liefde tekort, weet je vaak niet hoe je erom moet vragen en als je het krijgt, vind je het moeilijk of onmogelijk het te accepteren. Zo blijft de situatie van vroeger zich herhalen en kom je ook nu steeds weer tekort. Je loopt vast in het je niet verbonden voelen met anderen.

OVERTUIGING

Bij het schema Emotioneel tekort staat de overtuiging centraal dat je behoefte aan liefde nooit voldoende zal worden vervuld. Je hebt een innerlijke overtuiging dat niemand ooit kan voldoen aan wat jij nodig hebt. Je verwacht geen koestering, begrip of bescherming. Voorbeelden van gedachten die door je hoofd gaan: 'ik zal toch nooit krijgen wat ik nodig heb', 'er is altijd afstand, zelfs bij de mensen die het dichtst bij me staan', 'ik kan aandacht, zorg, bescherming of begeleiding van anderen niet accepteren'. Je denkt dat niemand echt om je geeft, dat niemand begrijpt hoe je je voelt. Je weet niet goed wat liefde eigenlijk is.

GEVOELENS

Je voelt je niet echt verbonden met anderen en mensen voelen vaak geen verbondenheid met jou. Je voelt je leeg, eenzaam en emotioneel uitgeschakeld. Het kan zijn dat je je boos voelt over deze tekorten wat leidt tot het willen inhalen van alle schade van vroeger. Hierbij hoort ook veel verdriet en wrok over wat je vroeger gemist hebt.

Er zijn drie soorten van emotionele verwaarlozing:
- tekort aan verzorging: warmte, aandacht, aanraking;
- tekort aan empathie: het begrijpen van jouw wereld, bevestigen van je gevoelens;
- tekort aan bescherming: kracht, leiding en richting.

OORZAKEN VAN HET SCHEMA EMOTIONEEL TEKORT

Het schema ontstaat als een klein kind te weinig liefde, zorg en aandacht krijgt van de belangrijkste verzorger, meestal (een van) de ouders.
1 Belangrijke mensen (meestal je ouders) waren koud of kil, ze hebben je weinig vastgehouden en weinig of niet geknuffeld.
2 Je meende dat je niet geliefd was en gewaardeerd werd, je kreeg niet het idee dat je voor iemand speciaal was.
3 Je ouders hadden onvoldoende aandacht en tijd voor je.
4 Je ouders waren niet echt gericht op jouw specifieke behoeften. Ze vonden het moeilijk zich in te leven in jouw belevingswereld.
5 Je ouders konden je onvoldoende troosten. Daardoor heb je ook niet geleerd om jezelf te troosten of troost van anderen te ontvangen.
6 Je ouders hadden het te druk met hun eigen dingen en hebben onvoldoende leiding gegeven.
7 Je ouders vonden materiële dingen belangrijker dan tijd en aandacht geven.

VALKUILEN BIJ HET SCHEMA EMOTIONEEL TEKORT

1. Jij gaat ervan uit dat de ander vanzelf moet weten wat je nodig hebt en vraagt er daarom niet om; je geeft geen uiting aan je verlangens van liefde en troost.
2. Je gaat met mensen om die niet naar jou luisteren, maar voortdurend zelf aan het woord zijn.
3. Mensen die voor jou belangrijk zijn, zijn zelden beschikbaar voor je.
4. Belangrijke anderen zijn koud en afstandelijk.
5. Je geeft veel meer dan je van de ander terugkrijgt.
6. Je denkt dat je niet begrepen wordt.
7. Je doet je sterker voor dan je bent.
8. Je vermijdt intieme relaties.
9. Je denkt dat je tekortgedaan wordt, maar je zegt er niets over en koestert je wrok daarover. Of je wordt juist boos en eisend en je beschuldigt je vrienden/partner dat ze niet genoeg aandacht voor je hebben.
10. Je wordt afstandelijk en onbereikbaar in het contact met anderen.

Vaak is dit schema van invloed op het type partner dat je uitkiest: een partner die het verwaarlozende gedrag van de ouders herhaalt, zodat je nooit datgene zal krijgen waar je wezenlijk behoefte aan hebt: gezien en gehoord worden, aandacht, troost en dergelijke primaire behoeften. Dit zijn valkuilen waar je *extra* op moet letten bij het krijgen of hebben van een partner:

1. Je partner lijkt het niet prettig te vinden je aan te raken, te knuffelen of te kussen.
2. Jij doet veel meer moeite voor de relatie dan je partner.
3. Hoe minder je partner beschikbaar is, hoe meer je bezeten van hem/haar raakt.
4. Je voelt je ondanks een slechte behandeling door je partner heel sterk tot hem/haar aangetrokken; alles in je smeekt om, ondanks alles, toch maar met de relatie door te gaan.

STAPPEN TOT VERANDERING

1. Onderzoek hoe je met jezelf omgaat: Verzorg je jezelf goed? Gun je jezelf de tijd om te eten, te douchen? Ga je op tijd naar bed? Doe dingen die goed zijn voor je. Gun jezelf iets leuks. Vraag hierbij hulp van groepsgenoten. Koop bijvoorbeeld iets wat je altijd al wilde hebben, een kledingsstuk of sieraad wat je goed staat, een knuffelbeestje, een lekker geurtje enzovoort. Maak voor jezelf een prettige, fijne plek in je slaapkamer en in de huiskamer. Kijk waar je iets kunt veranderen om het jezelf naar de zin te maken. Ga in beeldende therapie op zoek naar materialen die je aanspreken, wat is jouw materiaal, wat vind je prettig, wat is jouw manier van werken?
2. Maak een lijstje van de mensen uit je familie-, kennissen- en vriendenkring. Kijk of er iemand bij is door wie je je gewaardeerd en geliefd voelt. Hoe reageer je op hem/haar? Weet de ander dat hij speciaal is voor jou? Zo nee, wil je hem/haar iets laten weten, door een kaartje, telefoontje of een afspraak te maken om samen iets te doen?
3. Ga na bij welke groepsgenoot of staflid je je prettig voelt en van wie je het gevoel hebt iets te kunnen accepteren en bij wie niet. Ga na wat het verschil is. Wat doet hij of zij, hoe gedraag jij je bij de verschillende mensen?
4. Maak iedere dag een praatje met iemand uit de groep en vertel daarbij iets over jezelf. Zoek thuis dingen (foto's, voorwerpen, kledingsstukken enzovoort) die van bijzondere waarde zijn voor jou en neem ze mee naar de therapie. Vertel in de groep erover.
5. Hoe ga je met complimenten om? Laat je ze toe of heb je steeds een weerwoord? Probeer een compliment te laten bestaan zonder het weg te maken. Zeg bijvoorbeeld: 'dank je wel' of 'leuk dat je dat zegt'.

6 Begrijp je Emotioneel tekort uit je kindertijd. Voel het emotioneel verwaarloosde kind in jezelf. Wat is jouw waarheid over jouw geschiedenis, kun je die aanvaarden? In drama- en beeldende therapie kun je 'je innerlijk kind' en je ouders ontmoeten op verschillende leeftijden, door bijvoorbeeld rollenspel of door ze uit te beelden. Je kunt belangrijke situaties naspelen en/of uitbeelden. Praat over vroeger in de therapieën. Maak beelden van allebei je ouders of belangrijke familieleden. Beeld ook uit hoe jouw geschiedenis volgens jou eigenlijk had moeten zijn; maak een ideaal beeld, een ideale ouder.
7 Schrijf een brief aan je ouders waarin je schrijft wat je als kind gemist hebt. Bespreek in therapie of je de brief ook wilt versturen.
8 Bekijk je vroegere relaties opnieuw. Verklaar de patronen die zich steeds weer herhalen. Maak een lijstje van de valkuilen die je moet vermijden.
9 Breng in kaart hoe je jezelf beschermd hebt; wat heb je bedacht om de leegte niet te voelen? Bedenk hoe je dit beschermende gedrag kunt stoppen en wat je in de plaats daarvan kan gaan doen. Oefen dit in de therapieën en in de groep.
10 Kijk naar situaties waarin je je emotioneel tekortgedaan voelt. Kom in contact met je behoefte aan verzorging, aan empathie en aan leiding. Vraag zorg en aandacht van je groepsgenoten en laat je troosten. In de psychomotorische therapie en dramatherapie kun je oefenen met je laten wiegen in een hangmat, met nabijheid, met aanraken en aangeraakt worden. In de beeldende therapie kun je je eigen behoefte volgen in de materiaalkeuze en vormgeving. Maak een lijst van situaties waarin je je nu emotioneel verwaarloosd voelt. Vul een schemadagboekkaart in en bespreek dit met groepsgenoten of in therapie.
11 Oefen met de Gezonde volwassene: spreek je behoeften in contact uit en vraag op een directe manier wat je nodig hebt. Neem een zorgende rol aan en ga ontdekken wat een goede/prettige manier van zorg geven is. In dramatherapie kun je door het innemen van de regisseursrol ervaren hoe het is om te zorgen dat je krijgt wat je nodig hebt. In de coachingrol kun je zorg van anderen toelaten, maar ook ervaren hoe het is om te zorgen voor anderen. Leer jezelf steun te geven en jezelf tot een bepaalde hoogte te troosten. Maak contact met het Kwetsbare kind in je en zorg daarvoor. Waar haal jij in je dagelijks leven steun en troost vandaan? Schrijf een ondersteunende, bemoedigende, liefdevolle brief aan het kind in jezelf.
12 Vermijd partners waar je 'blind' op zou vallen. Begin geen relatie met iemand die je tekort doet. Deel kwetsbaarheid met je partner. Kijk naar hoe jij je seksualiteit ervaart en hoe je die inzet. Stop verwijten te maken aan je partner en stop te *eisen* dat je behoeften bevredigd worden, maar vraag aan je partner wat je nodig hebt.

2.2.4

Minderwaardigheid/schaamte

BESCHRIJVING

Dit schema gaat over zelfwaardering. Je vergelijkt je vaak met anderen en komt daarbij steeds tot de conclusie dat hoe jij bent, wat jij doet en presteert, hoe jij er uit ziet enzovoort, minder is dan wat anderen zijn/doen/hebben. Je hebt het idee dat er iets fout aan je is of dat je ergens in tekort schiet en je schaamt je hiervoor. Dit levert veel negatieve gevoelens op en zorgt voor een gebrek aan zelfvertrouwen. Om de pijn niet te hoeven voelen, ga je hard werken of je vlucht in alcohol en drugs.
Bij compensatie laat je juist niets van onzekerheid blijken en geef je anderen de schuld van je problemen. Je zet alles op het spel om maar niet gekwetst te worden; je kunt een 'vals zelf' ontwikkelen.

OVERTUIGING

De kernovertuiging van dit schema is 'ik ben niets waard' en 'ik schiet tekort'. Je denkt dat iedereen die dichtbij genoeg komt om je echt te leren kennen, absoluut niet van je kan houden. Je vindt het moeilijk te geloven dat mensen die je dierbaar zijn, je waarderen. Je verwacht dus permanent afwijzing. Je vult veel in van wat anderen van je vinden of je verdraait wat er gezegd wordt.

GEVOELENS

Het idee dat je vanuit je kern slecht en waardeloos bent, maakt je onzeker en angstig. Dit leidt tot een gebrek aan zelfvertrouwen. Schuldgevoel, angst voor liefde en verbondenheid en je schamen voor wie je bent, zijn de gevoelens die horen bij dit schema.

OORZAKEN VAN HET SCHEMA MINDERWAARDIGHEID/SCHAAMTE

1. Iemand in je familie was kritisch of afkeurend jegens jou. Je werd herhaaldelijk bekritiseerd en gestraft om hoe je er uit zag, hoe je deed of wat je zei.
2. Je ouders lieten je voelen dat je een teleurstelling voor hen was.
3. Eén of beide ouders wezen je af of hielden duidelijk niet van je. Je voelde geen verbinding met hen.
4. Je werd niet gerespecteerd om wie je was en je hebt je zelf hiervoor de schuld gegeven; je dacht dat je het niet waard was om liefde te krijgen.
5. Je werd seksueel of emotioneel misbruikt of lichamelijk mishandeld door een familielid.
6. Je kreeg steeds weer de schuld van dingen die er in jullie gezin misgingen.
7. Je ouders zei herhaaldelijk dat je slecht was, waardeloos, of dat je nergens voor deugde.
8. Je werd herhaaldelijk in jouw nadeel vergeleken met je broers of zussen of zij werden voorgetrokken boven jou.
9. Een van je ouders ging het huis uit en jij gaf jezelf er de schuld van.
10. Je werd gepest op school en voelde je door niemand gesteund; niemand ging tegen de nare dingen in die tegen je gezegd werden.

VALKUILEN BIJ HET SCHEMA MINDERWAARDIGHEID/SCHAAMTE

1. Je verbergt je ware zelf, zodat je nooit het gevoel hebt dat je vrienden je echt kennen.
2. Je vermijdt het om relaties en vriendschappen aan te gaan.
3. Je vergelijkt je continu met andere mensen ten nadele van jezelf; je hebt continu bevestiging nodig van anderen of je haalt jezelf naar beneden in aanwezigheid van anderen.
4. Je werkt onder je niveau of je werkt hard, maar krijgt er weinig voor terug.
5. Je hebt er moeite mee om kritiek te accepteren, je wordt afwerend en vijandig.
6. Je bent bovenmatig kritisch op andere mensen.
7. Je denkt dat je een bedrieger bent als je succesvol bent. Je bent er extreem bang voor dat je je succes niet kunt volhouden.
8. Je wordt somber of diep depressief bij een tegenvaller in je werk of afwijzingen in relaties.
9. Je bent extreem zenuwachtig als je in het openbaar moet spreken.
10. Je kiest voor vrienden en partners die kritisch zijn en je vernederen.
11. Je voelt je vooral aangetrokken tot mensen/partners die niet echt in je geïnteresseerd zijn, die niet echt een verbinding met je kunnen aangaan of niet regelmatig tijd voor je vrij kunnen maken.

12 Je neigt ertoe veel korte, intensieve affaires te hebben of verschillende affaires tegelijkertijd.
13 Je gaat relaties aan waarin je partner of vriend(in) je vernedert, misbruikt of verwaarloost.

STAPPEN TOT VERANDERING

1 Onderzoek hoe je met jezelf omgaat: wat zijn de dagelijkse gewoontes van omgang met jezelf (je lichaam, je eigen plek, je kleding enzovoort) en spreekt daar waardering of minachting uit?
2 Maak een lijst van de signalen die aangeven dat je vermijding gebruikt in het omgaan met je minderwaardigheidsgevoel (bijvoorbeeld in alcohol, drugs, te veel eten, niets zeggen in therapie, te veel werken, je afsluiten, je snel afgewezen voelen) of juist compensatie (erg kritisch ten opzichte van anderen, veel nadruk op status, succes en indruk maken op anderen).
3 Onderzoek de relaties die je hebt, je vrienden, familie, je partner(s), de relaties in de groep. Zijn die gelijkwaardig? Is er sprake van wederkerigheid en waarderen jullie elkaar voor wie jullie zijn? In de vaktherapie kun je de wisselwerking tussen jou en de ander uitbeelden of je kunt een sociogram maken.
4 Inventariseer je gevoelens van minderwaardigheid en schaamte en maak een lijst van situaties waarin je denkt minderwaardig te zijn of je beschaamd voelt.
5 Maak een lijst van de klachten die verschillende vrienden over je hebben. Kijk of hierin patronen voorkomen; anderen verwijten je bijvoorbeeld steeds jaloers te zijn of voortdurend bevestiging nodig te hebben.
6 Begrijp het gevoel van minderwaardigheid en schaamte uit je jeugd. Leef je in, in het kind in jou dat liefde wilde, maar in plaats daarvan afkeuring en afwijzing kreeg en ga na van wie. Vertel dit in de groep en laat je troosten. Plaats jezelf nu in dit beeld als volwassene en troost het kind in jou.
7 Schrijf een brief aan diegenen in je familie die kritisch tegen je zijn geweest toen je kind was. Uit je boosheid en verdriet; je hoeft de brief niet daadwerkelijk te versturen. Lees de brief voor in therapie.
8 In dramatherapie kun je in spel je ouder (op een bepaalde leeftijd) ontmoeten en vertellen hoe je zijn of haar gedrag hebt ervaren. Ga eventueel in systeemtherapie in contact met je ouders.
9 Ga het contact met anderen aan en oefen om ook je minder mooie kanten te laten zien.
10 Ga in dramatherapie werken met je lievelingsrol, en in beeldende therapie met je favoriete materiaal. Probeer ook eens wat 'duurdere' of 'kostbaardere' materialen uit.
11 Maak een lijst van de mannen/vrouwen die je het meest aantrekken en van diegenen tot wie je je het minst aangetrokken voelt. Vergelijk vervolgens deze twee groepen met elkaar.
12 Ga in psychomotorische therapie met lichaamsbeleving aan de slag door bijvoorbeeld met spiegel, video of lichaamstekening te werken.
13 Maak schemadagboekkaarten en geheugenkaarten om je overtuiging dat je tekort schiet tegen te gaan.
14 Accepteer complimenten en laat ze echt binnenkomen!
15 Maak een lijst van je sterke kanten en tekortkomingen. Als je nadenkt over je goede kwaliteiten, minimaliseer deze dan niet. Schrijf alles op de lijst, zonder oordeel te vellen. En als je mensen vraagt wat zij van je vinden, vraag ze dan duidelijk en specifiek te antwoorden. Bespreek je lijst in de groep en vraag om feedback.
16 Erken dat je tekortkomingen het resultaat zijn van je schema – niet de oorzaak ervan. Start een programma om de fouten te corrigeren die veranderbaar zijn. Wat wil je veranderen, waar heb je iets laten liggen (bepaalde vaardigheden leren, je

garderobe bijstellen, een ander huis zoeken, een nieuwe opleiding of werk zoeken)?
17 Maak een geheugenkaart voor jezelf met alle kwaliteiten waarin je goed bent en lees deze door op het moment dat je vast dreigt te lopen in dit schema.
18 Accepteer de liefde van mensen die dicht bij je staan; stop met het wegduwen van mensen die om je geven.
19 Oefen met je Gezonde volwassene: accepteer niet meer dat mensen je slecht behandelen, spreek uit wat je kwetst en kom op voor je rechten. Onderzoek de relaties die je nu hebt. Herken het verschil tussen eerlijke kritiek en overdadige of onredelijke kritiek. Bekijk vervolgens hoe je met deze relaties verder wil.

2.2.5
Sociaal isolement/vervreemding

BESCHRIJVING

Het schema Sociaal isolement/vervreemding heeft betrekking op verbondenheid met vrienden en groepen en soms ook gezins- en familieleden. Je staat meestal buiten de groep, hebt weinig of geen vrienden of vertrouwelingen. Je hebt het idee dat je nergens echt bij hoort, dat je overal buiten staat. Je was als kind meestal alleen op het schoolplein, je werd meestal niet gevraagd voor gezamenlijke activiteiten.

OVERTUIGING

Als dit schema op jou van toepassing is, heb je de overtuiging dat je anders bent dan de mensen om je heen; daardoor vind je het moeilijk aansluiting te vinden bij anderen. Je denkt dat de anderen het over bijna alles met elkaar eens zijn en dat ze hetzelfde voelen of denken. Je denkt dat je alleen en buitengesloten bent. Als je compenseert, kan het zijn dat je jezelf juist boven de anderen plaatst en met minachting naar hen kijkt.

GEVOELENS

Het basisgevoel dat ontstaat vanuit eenzaamheid is angst. Als de angst te groot wordt, raken sommige mensen met dit schema in een depressieve toestand. Je kunt verdrietig zijn over de afstand die je altijd ervaren hebt of er boos over zijn. De overtuiging er niet bij te horen leidt ook tot schaamtegevoelens.

LICHAMELIJKE GEWAARWORDINGEN

Veel mensen met dit schema hebben lichamelijke klachten als maagpijn, misselijkheid, hoofdpijn, pijn bij het hart en/of slaapproblemen.

Opmerking
Het is niet altijd duidelijk of iemand het schema Sociaal isolement/vervreemding heeft. Veel mensen met dit schema zijn tamelijk gemakkelijk in intieme contacten en zijn tamelijk sociaal vaardig. Hun schema hoeft niet zichtbaar te zijn in één op één-relaties. Maar op feestjes, vergaderingen of op het werk komt vaak tot uiting hoe angstig en afstandelijk ze zich voelen in groepen. Ze hebben iets onrustigs over zich, alsof ze voortdurend op zoek zijn naar een plek om zich thuis te voelen.

OORZAKEN VAN HET SCHEMA SOCIAAL ISOLEMENT/VERVREEMDING

1 Het gezin waar je uitkomt, was anders dan de andere gezinnen, bijvoorbeeld omdat je uit een andere bevolkingsgroep komt, een andere huidskleur hebt, een andere religie, een hogere of lager status (rijker of armer) of omdat er bepaalde ziektes voorkomen in jouw familie: psychose, verslaving. Of omdat je vader of broer in de gevangenis heeft gezeten of je moeder zich prostitueerde. Ook door vele verhuizingen kan het zijn dat je de aansluiting met leeftijdgenoten miste.
2 Binnenshuis was er geen verbinding met de andere gezinsleden en stond je alleen. Er werd langs elkaar heen geleefd.
3 Je dacht dat je minder was door een of andere afwijking of gebrek: stotteren, een handicap, onhandige bewegingen, of omdat je er anders uitzag dan de andere kinderen: heel groot of heel klein, heel mager of heel dik, rood haar, flaporen, een bril, beugel of gehoorapparaat. Het kan zijn dat je gepest werd en vernederd en uitgesloten door de andere kinderen.
4 Je dacht dat je anders was omdat je met heel andere dingen bezig was. Je speelde bijvoorbeeld nog met poppen, terwijl de andere meisjes al lang met jongens zoenden, of andersom: jij was al heel veel met denken over seks bezig, terwijl je leeftijdgenoten nog kinderspelletjes deden.
5 Je was passief en volgzaam en deed wat er van je verwacht werd, zodat je niet een duidelijke belangstelling of voorkeur ontwikkeld hebt als kind en daardoor het gevoel gekregen hebt dat je niets te bieden hebt.
6 Misschien ook was je gezin in jouw ogen heel gewoon, maar lukt het je toch niet goed aansluiting te vinden bij anderen, omdat er – zonder dat je er erg in had – weinig verbondenheid was.

VALKUILEN BIJ HET SCHEMA SOCIAAL ISOLEMENT/VERVREEMDING

1 Je kijkt alleen naar de verschillen tussen jou en de anderen en ziet overeenkomsten over het hoofd. Vaak neem je zonder meer aan dat de ander verschillend is zonder het precies te weten.
2 Je vergelijkt je te veel met anderen, vooral met mensen met uitzonderlijke eigenschappen of van wie jij denkt dat ze bijzonder of populair zijn.
3 Je trekt jezelf terug uit activiteiten of projecten, laat je niet horen, waardoor anderen je ook niet meer vragen en je gepasseerd wordt bij keuzes voor een bijzondere taak of functie (bijvoorbeeld in je werk, op school of in een vereniging). Je neemt dan aan dat het is omdat anderen je niet willen, terwijl het net zo goed kan zijn dat de anderen denken dat jij zelf niet wilt.
4 Doordat je weinig zegt, weet je niet of mensen het al of niet met je eens zijn, maar je denkt al gauw dat iedereen er anders over denkt dan jij.
5 Je vermijdt het om naar bijeenkomsten, feestjes, recepties en dergelijke te gaan. Je vermijdt ook om taken op je te nemen, zodat anderen denken dat je geen belang stelt in het contact en jou niet meer vragen.
6 Je hebt bepaalde delen van je eigen aard nooit geaccepteerd, omdat je geloofde dat anderen je daardoor minder zouden vinden (bijvoorbeeld verlegen, intellectueel, emotioneel, overgevoelig zwak, afhankelijk).
7 Je doet alsof je net als anderen bent, om er maar bij te horen. Je laat anderen niet de persoonlijke dingen van jezelf zien. Je hebt een geheim leven van gevoelens waarvan je denkt dat anderen ze afwijzen of belachelijk maken.
8 Je vermijdt situaties waarin je dom, langzaam of onhandig zou kunnen lijken (bijvoorbeeld gaan studeren, een lezing houden, sporten, dansen).

STAPPEN TOT VERANDERING

1. Maak afspraken met je groepsleden dat je met ieder van hen de komende tijd een kort gesprek hebt, waarin je iets vertelt over jezelf, bijvoorbeeld waar je vandaan komt, hoe je gezin er uit ziet, wat je klachten zijn, hoe je in behandeling gekomen bent. Of over je hobby's, interesses, wat je als kind graag deed enzovoort. Vraag de ander ook naar deze dingen en probeer er zo veel mogelijk op te reageren met eigen ervaringen en belevingen. Noteer achteraf wat je herkende bij de ander of wat de ander in jou herkende.
2. Onderzoek hoe je in de groep staat. Zit je bijvoorbeeld echt in de kring of steeds iets erbuiten? Maak je oogcontact met groepsleden en therapeuten? Doe zo veel mogelijk mee met groepsvormen in therapie, maar ook met andere activiteiten zoals spelletjes doen, boodschappen halen, een eindje wandelen. Oefen in het bewust actie ondernemen: aankijken, een gesprek beginnen, in gesprek blijven.
3. Maak een lijst van dingen die je interesseren en/of waar je iets van afweet. Vertel er anderen over of leg dingen uit die anderen moeilijk vinden en die jij goed kan (bijvoorbeeld een computerspel, koken, schaken, met elektriciteit omgaan, bepaalde handigheidjes, muziek maken, noten lezen, iets opzoeken op internet, kaartlezen, schminken, wiskundesommen, vreemde talen enzovoort).
4. Maak een lijst van sociale situaties waarin je je angstig en ongemakkelijk voelt, maar die je niet vermijdt. Maak nu nog twee kolommen. In de tweede kolom noteer je voor elke situatie op welke manier je niet-gewenst, anders en minderwaardig denkt te zijn. In de derde kolom schrijf je wat een rampscenario zou kunnen zijn: voor welke vreselijke gevolgen ben je bang? Zijn deze angsten reëel?
5. Maak een lijst van de sociale situaties die je vermijdt. Maak dezelfde kolommen als onder punt 4 beschreven. Maak een lijst hoe je je gedachten van 'anders zijn' en 'minderwaardig zijn' overcompenseert en probeer te bewijzen dat je niet anders of ongewenst bent.
6. Ga in elke therapie na wat jouw speciale bijdrage is en kan zijn aan het groepsgebeuren, welke rol je graag wilt spelen, bijvoorbeeld bij dramatherapie. Neem eerst de rollen op je die je kunt en aandurft, en later de rollen die je tot dan toe vermeden hebt.
7. Maak lijsten van jouw eigenschappen waarvan je denkt dat deze je kwetsbaar en minderwaardig maken:
   - Neem voor elk eigenschap een vel papier (bijvoorbeeld het dikke kind, het domme kind enzovoort).
   - Definieer de eigenschap in concrete termen (ik snapte nooit iets van wiskunde en mijn klasgenoten lachten me altijd uit als ik dubbelzinnige opmerkingen niet snapte.
   - Maak een lijst van alle bewijzen in je volwassen leven die jouw idee staven dat dit een echt een gebrek is.
   - Maak een lijst van alle bewijzen die jouw idee weerleggen, vraag vrienden en familie naar hun meningen over hoe zij jou zien wat betreft deze eigenschap.
   - Maak een samenvatting van objectieve bewijzen: hoe waar is jouw zelfkritiek?
8. Als je na gedegen onderzoek overtuigd bent dat een gebrek of verschil reëel is, schrijf dan de stappen op hoe je dit kunt overwinnen. Maas stap voor stap een veranderingsplan, met stappen als het verbeteren van je sociale vaardigheden, afvallen, leren praten in het openbaar, een cursus volgen, je school of studie afmaken enzovoort.
9. Bepaal opnieuw de belangrijkheid van de gebreken die je niet kunt veranderen. Bekijk je gebreken in relatie tot je talenten en goede kwaliteiten. Maak een lijst van je goede kwaliteiten en van je gebreken. Doe dat ook voor andere mensen die je kent. Ben je echt zoveel slechter of zo anders? Schakel hierbij je groepsgenoten in, zodat zij kunnen opletten of je misschien nog steeds de verschillen uitvergroot en de overeenkomsten bagatelliseert.

10 Maak een geheugenkaart voor elk gebrek; vermeld de wijze waarop je overdrijft; haal je goede kwaliteiten aan; geef suggesties om het beter te doen. Lees deze kaart als je schema getriggerd wordt.
11 Maak een hiërarchie van groepen die je vermeden hebt. Ga stap voor stap omhoog in hiërarchie en neem deel aan die groepen. Stop met vluchten!
12 Besteed veel aandacht aan ontspanningsoefeningen en aandacht- en concentratietaken. Op deze wijze leer je je lijf beter kennen en kun je spanningen ontdekken en bestrijden. Ook leer je op deze wijze je aandacht te verleggen in plaats van voortdurend te denken aan hoe anders je bent dan de ander.
13 Neem taken op je, doe mee met organiseren van een groepsactiviteit, word groepsvertegenwoordiger of deelnemer in de patiëntenraad. Het gaat erom dat je het probeert, niet dat het perfect moet gaan.
14 Begrijp je sociaal isolement uit je kindertijd. Voel het geïsoleerde of minderwaardige kind in jezelf. De herinneringen gaan vaak over uitgelachen worden, vernederd worden, gepest worden, alleen zijn of er niet bij horen. In beeldende therapie kun je situaties van vroeger uitbeelden, bijvoorbeeld op het schoolplein. In dramatherapie kun je situaties naspelen. Maak ook een beeld van de huidige situatie die het gevoel van sociaal isolement triggert. Stel jezelf voor als een volwassene die het kind dat jij was, troost en geruststelt.
15 Wees jezelf in groepen. Als je mensen beter leert kennen, deel dan eens iets van je kwetsbaarheden. Dit is de enige manier om uit te zoeken of je geaccepteerd wordt.

2.2.6

Afhankelijkheid/incompetentie

BESCHRIJVING

Het schema Afhankelijkheid/incompetentie heeft betrekking op je leven van alledag. Je bent ervan overtuigd dat je niet in staat bent om onafhankelijk dagelijkse verantwoordelijkheden te dragen en laat belangrijke zaken in je eigen leven (geldzaken, keuzes maken) over aan anderen. Terwijl je volwassen bent, zoek je steeds mensen op die je als een kind behandelen, sterke figuren die je toestaat jouw leven te regelen. Je maakt je afhankelijk van anderen en hebt voortdurend ondersteuning nodig. Dit belemmert je in je vrijheid. Je kunt ook tegenafhankelijkheid ontwikkeld hebben, dat wil zeggen een houding waardoor je bij voorbaat het tegenovergestelde doet van wat de ander voorstelt. Je bent in dat geval net zo onvrij, omdat je je gedrag alsnog laat afhangen van iemand anders.
Als je dit schema hebt, is je therapieproces te zien als een reis van jeugd naar volwassenheid. Je gaat angst en vermijding ruilen voor een gevoel van aan het stuur van je leven staan.

OVERTUIGING

De basisovertuiging over jezelf is 'ik kan het niet alleen'. Je hebt het idee dat je niet zelfstandig voor jezelf kunt zorgen. Je denkt dat je onbekwaam bent en dat anderen jouw zaken beter kunnen regelen dan jezelf.

GEVOELENS

Je bent bang wanneer je iets alleen moet regelen of voor nieuwe taken. Je bent bang overspoeld te raken als er iets van je gevraagd wordt. Je kunt ook in het algemeen bang zijn om volwassen te worden. Je vertrouwt meer op anderen dan op jezelf. Het kan ook zijn dat je boos bent, omdat je vindt dat er constant zoveel van je gevraagd wordt.

OORZAKEN VAN HET SCHEMA AFHANKELIJKHEID/INCOMPETENTIE

Er zijn twee mogelijkheden hoe dit schema kan ontstaan: je bent door je ouders overbeschermd opgevoed (1 t/m 7) of je bent juist te weinig beschermd (8 t/m 12).

1. Je ouders behandelden je als jonger dan je was.
2. Je ouders zorgden in detail voor jouw leven zodat je nooit leerde om voor jezelf te zorgen.
3. Je ouders deden jouw schoolwerk voor jou.
4. Je kreeg geen of weinig verantwoordelijkheid, je ouders namen besluiten voor jou.
5. Als je iets nieuws ondernam, kreeg je overdreven veel advies en aanwijzingen.
6. Je ouders gaven je zo'n veilig gevoel dat je nooit werd afgewezen of gefaald hebt tot je het huis uit ging.
7. Je ouders waren zelf voor veel dingen bang en waarschuwden je voortdurend voor allerlei gevaren.
8. Je kreeg onvoldoende leiding of praktische adviezen van je ouders.
9. Je kreeg veel kritiek op hoe jij het deed als het gaat om dagelijkse taken.
10. Je moest beslissingen in je eentje nemen waarvoor je eigenlijk te jong was.
11. Je moest je als een volwassene gedragen in je gezin, terwijl je nog een kind was.
12. Je hebt niet geleerd hoe je nieuwe taken kunt aanleren of vaardigheden kunt ontwikkelen.

VALKUILEN BIJ HET SCHEMA AFHANKELIJKHEID/INCOMPETENTIE

1. Je wendt je tot wijzere of sterkere mensen voor advies en leiding.
2. Je weet zelf heel weinig van een aantal praktische gebieden, regeldingen en zaken en je doet er ook geen moeite voor om die te weten te komen.
3. Je maakt je successen klein en je tekortkomingen groot.
4. Je vermijdt nieuwe uitdagingen uit jezelf, je doet werk wat onder je niveau is.
5. Je neemt geen eigen besluiten, maar sluit je aan bij wat de ander wil.
6. Je laat je financiën door iemand anders beheren.
7. Je bent veel afhankelijker van je ouders dan je meeste leeftijdsgenoten.
8. Je vermijdt om alleen te zijn of om alleen te reizen.
9. Je hebt angsten en fobieën die je niet onder ogen ziet.
10. Je hebt geen eigen woning of kamer en woont nog bij je ouders.
11. Je bent niet in staat om iemand om advies en hulp te vragen, je moet alles alleen doen.
12. Je neemt altijd nieuwe uitdagingen aan en ziet je angst onder ogen, maar je voelt je onder een voortdurende druk staan als je dat doet.

Dit zijn de valkuilen waar je *extra* op moet letten bij het hebben of krijgen van een partner:

1. Je partner is als een vader- of moederfiguur; hij of zij lijkt sterk en beschermend.
2. Hij of zij heeft er plezier in om voor jou te zorgen en als een kind te behandelen. Hij of zij doet praktisch alles voor jou, je hebt bijna geen verantwoordelijkheid.
3. Je vertrouwt zijn of haar oordeel meer dan dat van jezelf; hij of zij neemt de meeste beslissingen.
4. Hij of zij betaalt bijna altijd en neemt de financiële boekhouding voor zijn of haar rekening.
5. Hij of zij bekritiseert jouw mening, smaak en vaardigheden bij dagelijkse dingen.
6. Als je iets nieuws moet ondernemen, vraag je hem of haar bijna altijd om advies, zelfs als hij of zij geen speciale kennis of kunde heeft op dat gebied.
7. Hij of zij lijkt bijna nooit bang, onzeker of kwetsbaar over zichzelf.
8. Je partner is heel afhankelijk van jou, jij doet alles en neemt alle beslissingen.
9. Je ontkent het stukje in jou dat snakt naar een beetje gezonde afhankelijkheid, dat eens even wil stoppen en uitrusten.

STAPPEN TOT VERANDERING

1. Maak een lijst van alledaagse situaties, taken, verantwoordelijkheden en besluiten die je tegenkomt in therapie en thuis. Onderzoek hoe je je erin opstelt; vergelijk ook met je groepsgenoten hoe zij het doen en hoe zij je gedrag ervaren.
2. Maak een lijst van uitdagingen, veranderingen of beslissingen die je tot nu toe vermeden hebt. Dit kan gaan over alle levensgebieden zoals werk, studie, contacten met anderen, vrije tijd, reizen, wonen en dergelijke.
3. Geef van ieder onderwerp aan hoe moeilijk dit voor je op een schaal van 1 tot 5. Maak een plan om systematisch alledaagse taken en het nemen van beslissingen aan te gaan. Begin met de makkelijke taken. Let hierbij erop dat *zelf* doen niet altijd hetzelfde is als *alleen* doen. Bespreek je plannen met je groepsgenoten en doe zo veel mogelijk zelf.
4. Onderzoek je relaties uit het verleden en nu. Begrijp de patronen van afhankelijkheid die steeds optraden. Maak een lijst van de mensen die het meest belangrijk voor je waren. Bekijk vervolgens elke relatie en vraag je af hoe je afhankelijkheid er uit zag.
5. Begrijp de afhankelijkheid die je als kind had. Breng in kaart hoe je bent opgegroeid en hoe het gekomen is dat je je afhankelijk bent gaan opstellen. In hoeverre speelde afhankelijkheid in de relatie met je ouders of verzorgers? In drama en beeldend kun je je Kwetsbare kind en je ouders ontmoeten op verschillende leeftijden, door bijvoorbeeld rollenspel of door ze uit te beelden. Je kunt belangrijke situaties naspelen. Praat over vroeger in de therapieën.
6. Maak in psychotherapie vanuit je Gezonde volwassene contact met het Kwetsbare (tegen)afhankelijke kind en stimuleer dit.
7. Werk met een krachtig beeld van jezelf. In beeldende, drama- en psychomotorische therapieoefeningen of imaginatie in de psychotherapie kun je jezelf als onafhankelijk en autonoom ervaren. Neem een rol op je waarin je verantwoordelijkheid draagt, bijvoorbeeld een ouder of juf/meester. In psychomotorische therapie kun je scheidsrechter zijn en in lichaamsoefeningen letterlijk ervaren op eigen benen te staan. In beeldend kun je het materiaal uitdagen en beheersen, een doel bereiken, bijvoorbeeld een staande figuur die niet omvalt van klei boetseren. Maak een autonoom beeld van jezelf en leer jezelf aan om dat beeld op te roepen als je je weer terug voelt gaan naar de afhankelijkheid.
8. Durf je angsten en eventuele fobieën in kaart te brengen en te bespreken. Werk met angsthiërarchieën en ontspanningsoefeningen om verder te gaan in je proces van op eigen benen staan.
9. Leer jezelf discipline aan: blijf proberen totdat je de taak volbracht hebt. Als je erin slaagt iets zelfstandig te volbrengen, schrijf dit dan volledig aan jezelf toe. Houd je in als je de neiging voelt om je overmatig tot anderen te wenden, te klagen, bevestiging te vragen.
10. Let bij de keuze van vrienden of een partner erop of hij of zij je als gelijkwaardig behandelt en geef de relatie dan een kans. Neem jouw deel van de verantwoordelijkheden en de besluiten op je.

2.2.7

Kwetsbaarheid voor ziekte en gevaar

BESCHRIJVING

Iemand met dit schema ziet heel veel gevaar in dingen waarover anderen zich veel minder druk maken. Er is ongerustheid en angst dat er nare dingen gebeuren en je gedachten cirkelen steeds weer om alles wat er mis kan gaan met jezelf en/of de wereld om je heen. De wereld is een onveilige plek voor je, er is heel weinig vertrouwen dat iets ook goed kan aflopen.

Er zijn vier variaties van dit schema en je kunt last hebben van een of meer variaties:
1 Angst over je gezondheid, angst voor ziektes; je bent overmatig bezorgd om je lichaam, bent bang vreselijke ziektes te krijgen, zoals kanker of aids. Elk vlekje of puistje wekt een heftige angst op. Ook al ga je vaak naar de dokter en kan die niets vinden, toch blijf je angstig. Sommige mensen vermijden juist dokters uit angst dat hij iets ernstigs zal ontdekken.
2 Angst voor gevaar: je denkt dat je onveilig bent, bent voortdurend bang voor ongelukken. Misschien vermijd je daarom te reizen. Je bent continu gespannen en alert.
3 Angst voor armoede: je bent bang in één keer je geld te verliezen, doet buitensporige moeite geld te besparen, je durft het nauwelijks uit te geven.
4 Angst om jezelf niet in bedwang te kunnen houden; je bent bijvoorbeeld bang om een zenuwtoeval te krijgen, flauw te vallen of een paniekaanval te krijgen.

Opmerking:
Het schema Kwetsbaarheid moet niet verward worden met het 'Kwetsbare kind'. De laatste is geen schema, maar een modus. In deze modus voel je de pijnlijke gevoelens uit je jeugd. Het is goed die gevoelens in therapie te uiten, zodat je contact ermee kunt maken en leert dat deel in jezelf te troosten en te beschermen.

OVERTUIGING

Je bent ervan overtuigd dat de wereld onveilig is en dat het niet lang kan duren voor er iets misgaat. Je kunt moeilijk geloven dat een nieuwe situatie goed zal aflopen. Als je gaat reizen, denk je dat je vast een ongeluk zult krijgen; als je ergens pijn hebt, denk je direct dat je een ernstige ziekte hebt.

GEVOELENS

Je voelt vooral een voortdurende angst. Je angsten kunnen om ziekte draaien, om de gedachte dat je een paniekaanval zal krijgen of dat je gek zult worden. Ze kunnen gericht zijn op financiële kwetsbaarheid, dat je failliet zal gaan of geen dak meer boven je hoofd zult hebben. Je kwetsbaarheid kan betrekking hebben op andere fobische situaties zoals vliegangst, angst in elkaar geslagen te worden of angst voor aardbevingen.

OORZAKEN VAN HET SCHEMA KWETSBAARHEID

1 Je hebt het geleerd van een van je ouders die fobisch is of heel snel bang dat er van alles mis kan gaan.
2 Je ouders waren overbeschermend, zagen overal gevaar en waarschuwden voortdurend om op te passen.
3 Je ouders beschermden je niet voldoende, waardoor je jeugd onveilig was op de gebieden gezondheid, financiën of emoties.
4 Als kind was je veel ziek of heb je een ernstige, traumatische gebeurtenis meegemaakt (bijvoorbeeld een auto-ongeluk).
5 Een van je ouders heeft een ernstig ongeluk meegemaakt of is gestorven.

VALKUILEN EN UITINGSVORMEN BIJ HET SCHEMA KWETSBAARHEID

1 Je voelt je meestal angstig.
2 Je bent zo bezorgd over je lijf dat je:
   a onnodige medische onderzoeken ondergaat;

b een last voor je familie wordt die jou continu moet geruststellen;
c niet kunt genieten.
3 Je hebt paniekaanvallen omdat je zo overmatig bezig bent met je lichamelijke gezondheid.
4 Je bent zo bang zonder geld te komen zitten, dat je bijna niets durft te kopen en geen financieel risico (hypotheek bijvoorbeeld) durft aan te gaan.
5 Je vermijdt situaties waaraan zelfs maar een heel klein risico kleeft, bijvoorbeeld een lift gebruiken, in een tunnel gaan enzovoort.
6 Je bent zo bang dat je iets overkomt dat je bijna niets onderneemt (niet reizen, 's avonds de deur niet meer uit). Je leven is daarom heel ingeperkt. Het kan zijn dat daardoor ook je sociale leven heel magertjes is.
7 Je beperkt ook de levens van je partner en familie die zich aan jouw angsten aan moeten passen.
8 Je draagt waarschijnlijk je angsten op je kinderen over.
9 Je laat je partner je voortdurend beschermen en wordt daardoor erg afhankelijk van hem/haar. Daarover kun je later wrok gaan koesteren.
10 Je voortdurende angst kan je juist vatbaar maken voor bepaalde ziektes: astma, eczeem, darm- of maagzweer, verkoudheid.
11 Je gebruikt misschien een heel aantal manieren om gevaren af te weren. Je hebt mogelijk dwangsymptomen of bent bijgelovig.
12 Je vertrouwt misschien heel sterk op medicatie, alcohol, voedsel en dergelijke om je chronische angst te verminderen.

Dit zijn de valkuilen waar je *extra* op moet letten bij het hebben of krijgen van een partner:
1 Je kiest partners uit die je willen beschermen. Hij/zij is groot en sterk, jij klein en zwak.
2 Je vindt het belangrijk dat je partner niet bang is, maar succesvol en sterk en dat hij/zij speciale eigenschappen heeft om jou te beschermen.
3 Je zoekt mensen die bereid zijn steeds opnieuw te luisteren naar je angsten en je gerust te stellen.

STAPPEN TOT VERANDERING

1 Maak een lijst van je specifieke angsten. Schrijf de situaties op die je angstig maken. Bepaal in welke mate je angst voelt (van 0-100) en in welke mate je de situatie vermijdt (0-100), hoe je jezelf overbeschermt en hoe je je familie (partner) erbij inschakelt.
2 Bekijk het lijstje met groepsgenoten: welke angst vinden zij reëel, welke angst is buiten proporties? Zijn er angsten waarmee hij of zij (of één van de anderen) je kan helpen?
3 Probeer de oorzaken van je schema te begrijpen. Waren je ouders fobisch, overbeschermend of juist te weinig beschermend? Op wat voor gebieden heb je geleerd kwetsbaar te zijn: gezondheid, geld, reizen? Ga na hoe anderen met gelijksoortige angsten omgaan.
4 Oefen in dramatherapie of in psychomotorische therapie met dingen doen waarvoor je angst hebt. Kijk waar je grens ligt en ga hem verleggen.
5 Zoek naar manieren om jezelf krachtiger te maken; in welke situaties ervaar je juist helemaal geen angst?
6 Geef in beeldende therapie je angsten vorm in een werkstuk en leer er al doende mee omgaan.
7 Maak een stappenlijst van elke angstsituatie met kleine stappen die haalbaar zijn, bijvoorbeeld alleen thuis zijn overdag met telefoontjes, daarna zonder iemand te bellen, dan alleen thuis
's avonds, eerst met telefoontjes, later zonder telefoontjes enzovoort. Maak stap-

pen voor elke situatie. Bespreek het met groepsgenoten: in situaties waarin jij zelf geen gradaties kunt zien, kan het zijn dat zij allerlei ideeën hebben voor kleinere tussenstappen.

8 Praat met de mensen die je te veel beschermen (je ouders, je partner) om samen plannen te maken met het doel je minder te beschermen en minder intensief gerust te stellen.

9 Onderzoek de waarschijnlijkheid van gevreesde gebeurtenissen. Maak een overzicht van de angstsituaties, van jouw idee van waarschijnlijkheid en een meer realistische schatting. Maak een geheugenkaart voor elke afzonderlijke angst. Gebruik hem zodra je schema in werking treedt. Blijf nuchter nagaan wat de kans is dat er iets mis zou gaan. Pak de situatie aan (vermijd niet).

10 Praat tegen je Kwetsbare kind, stel het gerust dat er niks kan gebeuren en stimuleer het risico's te nemen. Je kunt in dramatherapie of psychotherapie oefenen dit te doen. Zo ontwikkel je een Gezonde volwassene en een zorgzame stimulerende (in plaats van overbeschermende) ouder voor jezelf en maak je jezelf krachtiger.

11 Leer te observeren waar de spanning in je lijf zit. Let daar in het bijzonder op bij psychomotorische therapie en kaart zo nodig aan dat je er specifiek mee wilt oefenen. Oefen in adem- en ontspanningsoefeningen met rustig, langzaam (buik)ademen.

12 Begin elke angst te bestrijden in fantasie. Ga in een gemakkelijke stoel zitten, ontspan je, ga rustig ademen. Zodra je relaxed bent stel je je de angstsituatie voor. Stel je voor hoe je je er doorheen slaat op een positieve manier, zoals jij wilt dat het gaat.

13 Ga nu elke angst in het werkelijke leven te lijf. Gebruik je stappenlijst, begin met de gemakkelijkste stappen. Gebruik een geheugenkaart, ontspanningsoefeningen en praat tegen je innerlijke kind.

14 Beloon jezelf voor elke stap. Geef je Kwetsbare kind waardering.

2.2.8

Schema Verstrengeling/onderontwikkeld zelf

BESCHRIJVING

Bij het schema Verstrengeling/onderontwikkeld zelf ben je emotioneel verstrikt geraakt in de relaties met anderen of emotioneel nooit van hen losgekomen. Vaak is dit in je vroege jeugd begonnen in de relatie met (één van) je ouders. Je bent overmatig op hen betrokken geraakt ten koste van je eigen (sociale) leven en zelfs ten koste van de ontwikkeling van je eigen identiteit. Je weet niet goed wie je bent of waar je heen gaat, hebt een onvoldoende ontwikkelde eigen mening en weinig eigen voorkeuren of interesses. Zonder de ander ontbreekt er iets aan je en voelt het vaak leeg.

OVERTUIGING

Je bent ervan overtuigd geraakt dat je dierbaren niet kunnen overleven of gelukkig kunnen zijn zonder jouw voortdurende betrokkenheid of dat je zelf niet zonder hen kunt. Je bent van mening dat je elkaar altijd en overal nodig hebt. Je voelt een intense band met de ander, je hebt het idee dat je de gedachten van de ander kunt lezen of voelt wat de ander wil of nodig heeft, zonder dat die het hoeft te vragen. Andersom denk je dat de ander jou kan begrijpen zonder dat je iets hoeft te vertellen of uit te leggen.

GEVOELENS

Mensen met dit schema hebben moeite om hun eigen gevoelens helder waar te nemen. Meestal ervaar je een leegte in jezelf en een versmelting met anderen, zelfs zo erg dat je jezelf met de ander soms als één persoon ervaart. Het is je niet duidelijk waar de grenzen van jezelf en de ander beginnen. Je denkt schuldig te zijn als je probeert een grens tussen jezelf en de ander te trekken of er zelfs alleen maar aan te denkt. Het gevolg kan zijn dat je het idee hebt verstikt of opgeslokt te worden door de ander en zijn of haar gevoelens. Dit kan je boos maken. Je voelt de angst om niets te zijn zonder de ander en tegelijk angst voor je eigen echte gevoelens.

OORZAKEN VAN HET SCHEMA VERSTRENGELING/ONDERONTWIKKELD ZELF

1 Je ouders (of ouder) deden een beroep op jou om voor hen te zorgen.
2 Je ouders waren dominant, het werd je opgedragen te doen wat zij wilden. Je kreeg geen ruimte je eigen dingen te doen.
3 Je ouders bleven zich bemoeien met jouw leven en als gevolg daarvan ben jij je ook te veel met dat van hen blijven bemoeien.
4 Een van je ouders maakte jou het meest belangrijk en maakte je tot vertrouweling.

VALKUILEN BIJ HET SCHEMA VERSTRENGELING/ONDERONTWIKKELD ZELF

1 Je stort je halsoverkop in een relatie of in een vriendschap, past je gehele eigen leven aan de ander aan.
2 Je moeder/vriend(in)/partner en jij hebben elkaar wederzijds zo nodig, dat jullie eigen contacten, vriendschappen, hobby's en andere zaken verwaarlozen. Het liefste willen jullie alle tijd met elkaar samen doorbrengen.
3 Je merkt dat je je verliest in de ander en pas weer greep krijgt op het leven als hij of zij er niet is.
4 Je kunt lezen en schrijven met elkaar en in gezelschap begrijpen anderen regelmatig niet waar jullie het over hebben. Anderen merken hoe ze buitengesloten worden door jullie.
5 Je kunt het nauwelijks verdragen dat er ook anderen in het leven van je vriend/vriendin zijn.
6 Als jullie niet bij elkaar zijn, bel je om de haverklap de ander om de geruststelling te krijgen dat hij of zij er nog is.

STAPPEN TOT VERANDERING

1 Maak een lijst van personen in het heden en in het verleden waarbij je merkte dat je je eigen identiteit opgaf. Stel een ranglijst op van meer tot minder verstrengelde relaties.
2 Maak een lijst van voor- en nadelen van het verstrengeld zijn in contacten.
3 Ga na welke stappen je in verschillende relaties kan zetten om minder verstrengeld te raken en je eigen identiteit te ontwikkelen.
4 Denk na of er mensen in je nabije omgeving zijn, in je therapiegroep, je vriendenkring of een van de therapeuten, waarbij je het gevoel hebt dat je ze het liefst dichtbij je houdt. Onderzoek met schemadagboekkaarten of er sprake is van Verstrengeling en bespreek dit in therapie.
5 Bedenk hoe je zo voor jezelf kunt gaan zorgen dat je op jezelf durft te gaan vertrouwen. Wat heb je daarvoor nodig?
6 Oefen in contacten met mensen uit je groep met wie je je niet verstrengeld voelt. Hoe voelt dat, wat is het verschil, wat de overeenkomst?
7 Oefen in de vaktherapieën met je eigen grenzen en die van anderen, maar ook met het overschrijden hiervan; wat is je ervaring?
8 Begrijp hoe het Onderontwikkeld zelf ontstaan is. Als je in een bepaalde situatie verstrengeld raakt, ga dan na welke momenten uit je kindertijd hierop lijken.

9 Doe een imaginatieoefening waarin je je voorstelt dat je afscheid neemt van of weggaat bij een van je ouders. Bespreek daarna hoe reëel je angst is dat je ouder iets ergs zal overkomen. Daag deze angst uit.
10 Ga aan het werk met je overtuiging dat een van je ouders of een andere belangrijke persoon in je leven niet zonder jou kan. Doe bijvoorbeeld de meerstoelentechniek waarin je afwisselend de plaats inneemt van de ander en van jezelf; zeg bijvoorbeeld dingen als: 'ik wil mijn eigen leven leiden', kijk wat de ander daarop zegt en houd vast aan je eigen identiteit.
11 Ga in dagelijkse situaties na wat jouw eigen voorkeuren zijn (van bijvoorbeeld kleding, eten, tv-programma's, vrijetijdsbesteding, dagindeling) en hoe vaak je deze voorkeur opgeeft voor de ander. Oefen ermee om je eigen voorkeur te noemen en te volgen, ook als dat betekent dat je dingen alleen moet doen.
12 Verzamel spullen die je aanspreken en maak er een soort tentoonstellingstafel van met als titel: Dit ben ik!.
13 Zoek naar vrienden en vriendinnen en een partner die zelf geen neiging tot verstrengeling hebben en jou aanmoedigen om een eigen identiteit te ontwikkelen.

2.2.9

Mislukking

BESCHRIJVING

Je hebt veel dingen waaraan je ooit begonnen bent, niet afgemaakt. In jouw ogen is er veel niet gelukt of je laat wat je aanpakt onbewust mislukken. Je hebt het gevoel dat alles wat je opnieuw probeert ook wel zal mislukken. Daarom ben je geneigd maar geen nieuwe dingen te beginnen, omdat je vertrouwen dat het zal lukken minimaal is. Ook van de therapie die je nu doet, denk je niet dat het iets gaat worden. Je werd als kind misschien 'dom' genoemd of 'lui'. Als volwassene houd je je schema in stand door de mislukking te overdrijven en door je zo te gedragen dat je die mislukking voortdurend bevestigd krijgt. Je vermijdt belangrijke stappen te doen in je leven uit angst voor de verantwoordelijkheid die ermee gepaard gaat, je stelt uit, je laat je gemakkelijk afleiden. Dat zijn manieren om jezelf te saboteren.
Dit schema hangt vaak samen met andere schema's die de onderliggende oorzaak kunnen zijn, bijvoorbeeld met Emotioneel tekort en Afhankelijkheid. Of Sociaal isolement: omdat je je minder voelt dan de anderen, zoek je geen aansluiting. Of Op je rechten staan: als je bijvoorbeeld te weinig geleerd hebt zelfdiscipline uit te oefenen en bent gaan vinden dat wat jij aanpakt niet veel moeite mag kosten.

OVERTUIGING

Je kunt je niet voorstellen dat je iets waarvoor je een prestatie moet verrichten ook werkelijk tot een goed einde zult brengen. Je bent geneigd te denken dat het je allemaal niet zo veel meer kan schelen; 'wat ik ook aanpak, het mislukt toch', 'ik ben een mislukkeling'.

GEVOELENS

Je voelt continu de angst te falen. Je bent bijvoorbeeld bang om werkelijk te laten zien wat je kunt, omdat je denkt dat het niet voldoende is. Daardoor heb je vaak helemaal geen zin om iets aan te pakken, je bent geneigd tot passiviteit te vervallen. De spanning die je eerst misschien wel voelde, kan veranderen in verveling.

OORZAKEN VAN HET SCHEMA MISLUKKING

1 Een van je ouders was heel kritisch op jouw prestaties, bijvoorbeeld op school of met sporten. Hij of zij noemde je vaak dom, stom, onhandig, een mislukkeling enzovoort. Hij of zij mishandelde je misschien ook (je hebt dan misschien ook het schema Minderwaardigheid/schaamte of Wantrouwen/misbruik).
2 Je ouders of je broers en zussen waren heel succesvol en je ging geloven dat je nooit aan hun hoge eisen zou kunnen voldoen; daarom ben je gestopt met dat te proberen.
3 Je dacht dat één of allebei je ouders er niets om gaven of je succes had en je werd niet gestimuleerd. Een andere mogelijkheid is dat je ouders bang werden en zich bedreigd voelden als jij het goed deed. Misschien hebben ze met jou geconcurreerd of zijn ze bang geweest jou kwijt te raken als je te succesvol zou zijn in de wereld.
4 Je deed het niet zo goed als andere kinderen op school of met sporten en je dacht dat je daarom de mindere was. Je had misschien problemen met leren, met je concentratie of coördinatie. Daarna ben je gestopt met je best te doen, om vernedering te voorkomen.
5 Je had broers en zusjes met wie je negatief vergeleken werd. Je ging geloven dat je nooit aan hen zou kunnen tippen en bent gestopt met dat te proberen.
6 Je kwam uit een ander land, je ouders waren immigranten en je gezin was armer of had minder opleiding dan de gezinnen van je klasgenoten. Je dacht daarom dat je de mindere was en dat je dit nooit meer zou kunnen inhalen.
7 Je ouders stelden niet voldoende grenzen. Je hebt geen zelfdiscipline of verantwoordelijkheid geleerd. Daarom maakte je niet regelmatig je huiswerk en leerde je geen vaardigheden om te kunnen studeren.

VALKUILEN BIJ HET SCHEMA MISLUKKING

1 Je neemt niet de stappen die nodig zijn om stevige vaardigheden te ontwikkelen in je vak of opleiding (je maakt je school niet af, houdt geen literatuur bij, leert niet van meer ervaren mensen).
2 Je kiest een carrière onder je niveau (bijvoorbeeld: je hebt gestudeerd en hebt talent voor wiskunde maar je wordt taxichauffeur).
3 Het kan ook zijn dat het vak wat je gekozen hebt juist te zwaar is. In sommige vakken is het extreem moeilijk te slagen en alleen de meest getalenteerden kunnen er iets in bereiken en dan ook nog met heel veel inspanning (bijvoorbeeld muziek, dans, professionele sport, acteren). Als jouw talenten op dit vlak niet groot genoeg zijn om iets te bereiken en je blijft maar volharden, dan blijf je jezelf frustreren en geef je jezelf een gevoel van mislukking.
4 Je neemt niet de stappen die nodig zijn om promotie te maken in het vak dat je gekozen hebt. Je ontwikkeling staat onnodig stil (je weigert bijvoorbeeld een promotie te accepteren of erom te vragen, je ontwikkelt jezelf niet, maakt je talenten niet bekend aan mensen met invloed), je blijft in een veilige baan zonder perspectieven hangen).
5 Je bent bang initiatieven of onafhankelijk beslissingen te nemen op je werk en hebt daarom nooit een verantwoordelijke positie gekregen.
6 Je kunt je niet richten op één carrière en verandert steeds van baan; zo ontwikkel je nooit ervaring op een gebied. Je wordt iemand die van heel veel dingen een beetje verstand heeft, in een wereld die mensen nodig heeft die van weinig dingen veel verstand hebben. Daarom maak je nooit echt vooruitgang.
7 Je kunt het niet verdragen om voor anderen te werken of met een wat lagere baan te beginnen, dus je eindigt ergens aan de zijlijn, omdat je niet wil opklimmen zoals anderen dat ook doen. (Zie je hoe dit schema overlapt met het schema Op je rechten staan en Onderwerping?)

8 Je neemt een baan aan maar wordt gemakkelijk ontslagen omdat je te laat komt, uitstelt, slecht presteert of een negatieve houding hebt.
9 Je hebt de overtuiging dat je diep binnenin eigenlijk dom bent of geen aanleg hebt en daarom denk je een bedrieger te zijn, zelfs al ben je objectief gezien heel succesvol.
10 Je maakt je talenten en wat je bereikt hebt, heel klein en overdrijft je zwakheden en fouten. Uiteindelijk denk je dat je een mislukkeling bent, zelfs als je net zoveel bereikt hebt als de anderen om je heen.
11 Je probeert je gebrek aan prestaties op je werk te compenseren door de aandacht te vestigen op andere prestaties (je uiterlijk, charme, jeugdigheid, opoffering voor anderen).
12 Je probeert mensen voor de gek te houden of blufts over jezelf (overcompenseren van het gevoel het niet te kunnen).

STAPPEN TOT VERANDERING

Algemeen:
Als je dit schema hebt, moet je er vanaf het begin van je behandeling veel aandacht aan besteden. Als je immers overtuigd bent dat alles mislukt, dan ga je er (onbewust) voor zorgen dat de behandeling ook gaat mislukken. Je moet dus ophouden jezelf als mislukking te zien. In plaats van: 'ik ben een mislukking', moet je toe naar: 'ik ben een winnaar'. Een winnaar is niet iemand die altijd maar wint, maar die elke keer als hij valt, weer overeind krabbelt en het opnieuw probeert (misschien op een andere manier).

1 Geef je zelf de kans dat deze therapie wel gaat lukken. Schrijf een briefje met daarop 'ik ga deze therapie laten lukken' en bewaar het in je broekzak of portemonnee.
2 Breng je Bestraffende ouder in kaart en ga na of zijn overtuiging dat je een mislukkeling bent werkelijk klopt. Spreek je Bestraffende ouder tegen.
3 Maak een lijst van ondernemingen in je leven die in jouw ogen mislukt zijn. Bespreek deze met een groepsgenoot en ga samen na of de onderneming helemaal mislukt is of alleen op onderdelen mislukt. Ga na of andere dingen wel goed gegaan zijn. Noteer alles wat wel (gedeeltelijk) goed gegaan is op een andere lijst met positieve, gelukte dingen.
4 Onderzoek of je een patroon kunt zien in alle keren dat er iets mislukt is. Begin bij het begin. Meestal zul je ontdekken dat vermijding een grote rol speelt in jouw patroon. Bedenk goed: mislukken heeft veel meer te maken met vermijding dan met een gebrek aan capaciteiten!
5 Ga goed na op welk punt je stopte: wat was toen de uitdaging waarop je het af liet weten?
Ga in dramatherapie die situatie uitspelen en stop niet waar je voorheen stopte, maar ga verder en kijk wat er gebeurt en wat je nodig hebt om verder te gaan.
6 Maak een lijst van mensen met wie je naar school ging. Kies mensen uit die goed, gemiddeld en niet zo goed waren in hun schoolprestaties. Schrijf op wat ze binnen hun veld bereikt hebben. Waar sta jij in vergelijking tot hen?
7 Kom in contact met het kind in je dat dacht en denkt mislukt te zijn. Roep herinneringen op waarin je bekritiseerd, ontmoedigd werd en negatief vergeleken met anderen. Help het kind in je te zien dat het oneerlijk behandeld werd. Wat waren jouw sterke kanten en talenten toen je een kind was? Waren de verwachtingen van anderen realistisch?
8 Stel een brief op aan de mensen die je het gevoel hebben gegeven een mislukking te zijn en schrijf al je gevoelens op die in je opkomen. Zet je boosheid op papier.
9 Oefen in dramatherapie en de andere therapieën, maar ook daarbuiten met je boosheid te uiten. Het belangrijkste is dat jij die confrontatie doet op een manier

dat je trots op jezelf bent. Blijf rustig. Zorg dat je alles zegt. Zeg hoe jij je gevoeld hebt en zeg hoe je het anders gewenst had.
10 Zoek uit wat jouw talenten, vaardigheden en capaciteiten zijn. Laat je groepsgenoten erover meedenken. Ook al vind je een vaardigheid niet zo belangrijk, doe dan toch niet alsof het niet belangrijk is, want dan houd je nooit wat over. Kijk naar wat je bereikt hebt in elk van je sterke kanten. Stop met het negatieve te accentueren.
11 Zoek uit waar je (lichamelijke) kracht ligt en oefen daarmee in psychomotorische therapie. Ga risico's nemen in de verschillende therapievormen en in de ongestructureerde tijd. Verzin kleine stappen en voer ze uit volgens een duidelijk geformuleerd plan.
12 Misschien heb je door te vermijden ook te weinig vaardigheden ontwikkeld. Maak een planning hoe je die alsnog gaat bijspijkeren (door modules af te maken, certificaten te halen, een cursus te doen, iets echt te bestuderen enzovoort).
13 Maak een geheugenkaart om je falen te overwinnen. Verzamel bewijzen dat je de mogelijkheid hebt om te slagen.

2.2.10

Op je rechten staan

BESCHRIJVING

Dit schema gaat over denken dat je superieur bent ten opzichte van anderen. Het is het schema van altijd links rijden en bumperkleven. Je vindt jezelf speciaal en gedraagt je veeleisend en verwend. Je probeert je omgeving te bepalen naar je wil. Je houdt weinig rekening met anderen en hun behoeften. Je hebt geen of weinig aandacht voor de regels van wederkerigheid in normale sociale interacties. Het kan zijn dat je voortdurend de concurrentie aangaat met anderen of je standpunt doordrukt. Je probeert het gedrag van anderen te controleren om aan je eigen behoeften te voldoen. Meestal hebben mensen met dit schema zelf weinig last ervan, maar hun partner/familie/vrienden des te meer. Vaak komen zij zelf pas in therapie als er daadwerkelijk verlies is opgetreden: van hun baan, hun partner. Dan gaan ze echt voelen dat ze ook zichzelf beschadigen met dit schema.
Er bestaat ook een afhankelijke vorm van Op je rechten staan. Je vindt dan dat je het recht hebt om op andere mensen te leunen. Je plaatst jezelf in de zwakke, behoeftige rol en eist dat anderen klaar staan om voor je te zorgen. Je laat anderen voor jou verantwoordelijk zijn.

OVERTUIGING

Bij het schema Op je rechten staan hoort de overtuiging 'ik heb er recht op om alles te krijgen wat ik wil'. Je vindt dat je het recht hebt de situatie hoe dan ook naar je hand te zetten. Je vindt dat je beter bent dan andere mensen. Je hebt er geen idee van wat realistisch is, wat anderen redelijk achten of wat de kosten zijn voor anderen. Je beschouwt jezelf als boven de wet verheven. Je denkt dat je bijzonder en bevoorrecht bent. Anderen storen je vaak of staan je in de weg.

GEVOELENS

Met een ander meevoelen, vind je lastig of komt niet in je op. Afwachten of iets niet kunnen (krijgen), maakt je razend en je bent vaak boos. Je wordt ook snel kwaad als je het idee hebt dat anderen je belemmeren. Je kent weinig of geen schaamtegevoel.

OORZAKEN VAN HET SCHEMA OP JE RECHTEN STAAN

1 Zwakke grenzen; je ouders stelden te weinig grenzen, ze verwenden hun kinderen. Het kind overheerste de ouders. Hierdoor kan het zijn dat jij als kind niet hebt geleerd frustraties te verdragen en je impulsen in bedwang te houden. Kinderen die met zwakke grenzen zijn opgevoed, hebben meestal niet geleerd dat er wederkerigheid in een relatie moet zijn (geven en krijgen).
2 Overbescherming; je ouders namen alle problemen, beslissingen en moeilijke taken van je weg. Als gevolg was de omgeving zo veilig en werd er zo weinig van je verwacht dat je dit normaal bent gaan vinden en ook later dit niveau van zorg voortdurend bent gaan eisen.
3 Verwaarlozing; je bent emotionele betrokkenheid tekort gekomen en dit heeft je later zo boos gemaakt dat je nu 'genoegdoening' eist.

VALKUILEN BIJ HET SCHEMA OP JE RECHTEN STAAN

1 Je doet geen moeite begrip op te brengen voor je medemensen. Je doet je zin ten koste van hen. Zo laat je hen voelen dat je hun gevoelens niet begrijpt of dat je er niets om geeft.
2 Mogelijk misbruik je, verneder je of kleineer je de mensen om je heen.
3 Je neemt meer van de samenleving dan je geeft. Dat is oneerlijk, waardoor je andere mensen boos maakt.
4 Je houdt op je werk geen rekening met anderen of houdt je niet aan regels. Hierdoor neem je het risico ontslagen te worden.
5 Je maakt inbreuk op de rechten van de mensen om je heen om hun eigen tijd voor zichzelf te gebruiken.
6 Vrienden of familie verbreken het contact met je omdat ze zich door jou onheus behandeld voelen of omdat ze jou als dwingend ervaren.
7 Je kiest vrienden of partners die zich afhankelijk van je opstellen, zichzelf opofferen en je toestaan hen te overheersen. Het zijn vaak mensen die geen sterk zelfgevoel hebben en hun eigen behoeften niet durven uiten.
8 Je hebt mogelijk met de politie te maken omdat je onwettige dingen doet, zoals zwart rijden of stelen.
9 Je werkelijke behoeften worden nooit aangesproken. Je zult je daardoor waarschijnlijk verwaarloosd, mislukt of eenzaam voelen.
10 Je zorgt niet goed voor jezelf omdat je het normaal vindt dat anderen voor jou zorgen.

STAPPEN TOT VERANDERING

1 Maak een lijst van de verschillende manieren waarop je probleem met grenzen zich voordoet in het dagelijks leven. Ga allerlei levensgebieden af: in de ongestructureerde tijd met groepsgenoten, in de groep, op het werk, met je vrienden, in een café of supermarkt.
2 Maak een lijst van de voor- en nadelen om geen grenzen te accepteren. Zet ook alle negatieve gevolgen die je al hebt ondervonden op de lijst.
3 Schrijf de redenen/smoesjes op die je gebruikt om geen grenzen/beperkingen te accepteren. Schrijf bij elk excuus waarom het een rationalisatie is en niet een echt geldig argument.
4 Maak een geheugenkaart om je te helpen tegen je schema te vechten. Denk daarbij aan de volgende punten:
    a Probeer te begrijpen hoe andere mensen voelen.
    b Let op wederkerigheid en redelijkheid als principes in de omgang met anderen.
    c Vraag jezelf af of je onmiddellijke behoefte het waard is de negatieve gevolgen te riskeren (bijvoorbeeld vrienden of je baan kwijtraken). Vraag naar feedback

van mensen die je vertrouwt, als je probeert te veranderen. Dit helpt je ook te leren zien wat normale verwachtingen zijn.
5 Breng begrip op voor de mensen om je heen. Maak lijstjes van hun klachten en problemen. Probeer in te voelen hoe zij zich voelen als jij geen rekening met hen houdt. Ga hierover in contact met groepsgenoten.
6 Schrijf op wat je sterke en zwakke kanten zijn en bespreek die met de groep. Werk toe naar een realistische kijk op je vaardigheden.
7 Begrijp het tekort uit je jeugd: onderzoek hoe je ouders waren in het aangeven van grenzen. In dramatherapie en beeldende therapie kun je in spel of beeld contact met je ouders aangaan, in psychotherapie kan dat in een imaginatieoefening.
8 Ga in de vaktherapieën oefenen met het afstemmen op een ander. Neem bijvoorbeeld in dramatherapie een rol in het spel van een ander op je. Leef je in, in een rol die vreemd of onbekend voor je is. In beeldende therapie kun je samenwerken op een vel, ga eens werken in de vormgeving van een ander. Sta stil bij wat dit jou – en de ander – oplevert.
9 Als jouw schema secundair is, zoek dan het onderliggende primaire schema. Maak contact met je kwetsbaarheid, je Kwetsbare kind en je eigenlijke behoeften. Ga dan op zoek naar manieren om je wensen te vervullen die de rechten en behoeften van anderen respecteren. Ga hierbij ook leren verdragen dat je niet alles kunt krijgen/bereiken wat je wilt. Ga rouwen.
10 Als je moeite hebt je emoties (vooral boosheid) te bedwingen, ontwikkel dan een techniek om een korte pauze in te lassen voor je reageert. Reageer pas als je jezelf weer in bedwang hebt. Je kunt dit in beeldende en psychomotorische therapie oefenen.
11 Zoek naar vormen hoe je regelmatig kunt ontladen in je dagelijks leven.

2.2.11

Onvoldoende zelfcontrole/zelfdiscipline

BESCHRIJVING

Wanneer je het schema Onvoldoende zelfcontrole/zelfdiscipline hebt, ontbreekt het je meestal aan twee eigenschappen: zelfcontrole – dit is het vermogen om emoties en impulsen voldoende te bedwingen – en zelfdiscipline – het vermogen om voldoende verveling en frustratie te verdragen om taken af te maken. Je bent er voortdurend op uit om ongemak (pijn, conflicten, confrontaties, verantwoordelijkheden) te vermijden. Je kunt je bevrediging op korte termijn niet uitstellen voor een langetermijndoel. Dit kan dan ten koste gaan van het afmaken van dingen, het je houden aan afspraken, het nakomen van verplichtingen en betrouwbaar zijn. Ook kan het leiden tot verslavingen: te veel eten, drinken, roken, drugs en seks. In het extreme kan deze impulsiviteit leiden tot criminaliteit. Bij dit schema geldt dat jij er zelf vaak minder last van hebt dan je omgeving (partners, vrienden, familie).

OVERTUIGING

Vaak zijn er geen specifieke overtuigingen die met dit schema samengaan. Je ervaart de onvoldoende zelfcontrole als iets wat buiten je invloed ligt. Daarbij ga je vaak uit van wat je nu wilt en houd je minder rekening met wat je op de lange termijn nodig hebt of goed voor je is.

GEVOELENS

Gevoelens worden vermeden door behoeftebevrediging op korte termijn. Wanneer deze korte termijn bevrediging niet tot stand komt, zal de overheersende emotie boosheid zijn, vaak net als een driftig klein kind. Tegelijk ervaar je lichamelijke onrust.

OORZAKEN VAN HET SCHEMA ONVOLDOENDE ZELFCONTROLE/ZELFDISCIPLINE

1 Je ouders hebben te weinig grenzen gesteld; als kind ben je verwend en heb je niet geleerd frustraties te verdragen en impulsen in bedwang te houden.
2 Er was weinig betrokkenheid van je ouders op jou als kind.
3 Er kan sprake zijn van een aangeboren heftig temperament waartegen je ouders zich niet opgewassen voelden.
4 Van jongs af aan heb je al de naam 'een moeilijk kind' te zijn dat niet in de hand te houden was. Je bent aan dit beeld gaan voldoen en bent niet je eigen verantwoordelijkheid gaan nemen om jezelf te begrenzen.

VALKUILEN BIJ HET SCHEMA ONVOLDOENDE ZELFCONTROLE/ZELFDISCIPLINE

1 Je maakt nooit de taken af om verder te komen met je loopbaan. Je presteert chronisch onder je kunnen en voelt je uiteindelijk tekortschieten als gevolg van je mislukkingen.
2 De mensen om je heen zullen ten slotte genoeg krijgen van je onverantwoordelijkheid en hun contact met je afbreken.
3 Je leven is een chaos. Je brengt te weinig discipline op om richting en organisatie in je leven te brengen. Je zit daardoor vast.
4 Je hebt misschien problemen met verslavingen, zoals drugs, alcohol of te veel eten.
5 Op bijna elk levensgebied verhindert het gebrek aan discipline je om je doelen te bereiken.
6 Je stelt uit, waardoor de spanning uiteindelijk enorm oploopt en je taken nog net af krijgt of ze helemaal niet meer doet.
7 Je hebt het idee dat je te weinig geld hebt om te krijgen wat je wilt in je leven.
8 Je bent mogelijk in problemen gekomen met autoriteiten (school, politie, werk), omdat je je impulsen niet kunt beheersen.
9 Je hebt misschien je vrienden, familie, baas van je afgestoten door je woede en lichte ontvlambaarheid.

STAPPEN TOT VERANDERING

1 Maak een lijst van hoe het schema Onvoldoende zelfcontrole/zelfdiscipline zich bij jou uit. Wat zijn de voor- en nadelen om vast te houden aan dit schema?
2 Schrijf de smoesjes op die je gebruikt om geen verantwoordelijkheid op je te nemen. Schrijf bij elk excuus waarom het een rationalisatie is en niet een echt geldig argument.
3 Plan je afspraken in een agenda, kom je verplichtingen na en wees betrouwbaar. Ga na waarom je je afspraken niet nakomt.
4 Ga na wat het verschil is tussen kortetermijnbevrediging en langetermijnbevrediging. Gebruik hiervoor de voorbeelden die je bij punt 1 hebt opgeschreven.
5 Ga in een imaginatieoefening terug naar vroeger en stel jezelf voor als klein kind. Wat voor kind was je? Hoe reageerden je ouders op jouw temperament?
6 Gebruik de meerstoelentechniek bij psychotherapie, maak contact met je kwetsbare kant en ga met je Gezonde volwassene hiermee in gesprek.
7 Ga jezelf begrenzen. Maak een signaleringsplan om risico's in kaart te brengen en vast te leggen hoe daarop op een vooraf vastgestelde manier te reageren.
8 Maak een geheugenkaart om je te helpen tegen je schema te vechten. Denk daarbij aan de volgende punten:
   a Probeer te begrijpen hoe andere mensen voelen.

b Let op wederkerigheid en redelijkheid als principes in de omgang met anderen.
c Vraag jezelf af of je onmiddellijke behoefte het waard is negatieve gevolgen te riskeren.
d Leer frustratie te verdragen als middel om verder liggende doelen te bereiken.
9 Vraag om feedback van mensen die je vertrouwt, als je probeert te veranderen. Dit helpt je ook te leren zien wat normale verwachtingen zijn.
10 Oefen binnen de vaktherapieën met het afmaken van en doorgaan in opdrachten. Blijf bijvoorbeeld in de beeldende therapie bij een keuze, maak deze eerst af voordat je aan iets anders begint.
11 Maak een lijst van taken in huis die je vervelend vindt, oplopend in graad van moeilijkheid. Pak elke week een taak aan en oefen net zo lang tot het gemakkelijker wordt. Beloon jezelf hiervoor.
12 Als je moeite hebt om je emoties (met name boosheid) te bedwingen, oefen jezelf dan om een korte pauze in te lassen en pas te reageren als je jezelf weer in bedwang hebt.
13 Leer sowieso altijd eerst een pauze in te lassen voordat je iets gaat doen.
14 Ga na wat voor jou goede manieren zijn om je impulsiviteit te leren beheersen, bijvoorbeeld lichamelijke activiteit (zoals fietsen, wandelen of hardlopen), afleiding (huishouden, in tuin werken), voor jezelf iets prettigs doen (douchen, muziek luisteren, even swingen).

2.2.12

Onderwerping

BESCHRIJVING

Bij dit schema heb je het idee dat anderen je overheersen. Je onderdrukt je eigen behoeften en conformeert je aan de eisen van anderen. Je onderdrukt je gevoelens (met name kwaadheid) omdat je bang bent dat andere mensen wraak op je zullen nemen. Je maakt de indruk overdreven meegaand te zijn, maar je denkt vaak in de val gelokt te worden door anderen. Je staat toe dat anderen je controleren. Je doet dat uit angst dat je zult worden gestraft of verlaten als je niet gehoorzaamt. Omdat je je gevoelens en behoeften onderdrukt, zal zich langzamerhand een woede opstapelen. Die kan zich uiten in symptomen als woede-uitbarstingen, passief-agressief gedrag (treuzelen, dingen vergeten), zelfbeschadigen, psychosomatische symptomen, je terugtrekken of misbruik van middelen.

Het schema kan er ook toe leiden dat je opstandig of ongehoorzaam wordt, als overcompensatie van de onderwerping (de rebel). Als iets je maar enigszins doet denken aan controle van buitenaf kun je dat nauwelijks verdragen en word je kwaad. Je maakt geen keuze vanuit eigen interesse, maar je keuze wordt bepaald door degene met wie je rebelleert.

OVERTUIGING

Je overtuiging is 'mijn verlangens, mening en gevoelens zijn voor anderen niet belangrijk' of 'als ik me niet schik, zwaait er wat'.
Als rebel is je overtuiging 'ik geef me niet gewonnen, de ander krijgt niet de macht over mij'.

GEVOELENS

Het schema brengt veel angst met zich mee. Diep van binnen ben je bang dat er iets ergs met je zal gebeuren als je voor je behoeften en gevoelens uitkomt. Je onderdrukt je gevoelens omdat je denkt dat het zo hoort. Tegelijk ben je ongelooflijk boos over het gebrek aan ruimte voor jou.

Als rebel laat je veel agressie zien, maar dit is slechts een masker. In feite durf je je ware gevoelens niet te tonen en heb je het idee dat andere mensen de touwtjes in handen hebben.

OORZAKEN VAN HET SCHEMA ONDERWERPING

1 Je ouders probeerden jou te domineren of controleerden vrijwel elk onderdeel van je leven.
2 Als je de dingen niet op de manier van je ouders deed, straften of bedreigden ze jou. Ook moest je voorzichtig zijn in wat je wel en niet zei als kind.
3 Als kind was je regelmatig getuige van bedreiging of lichamelijke mishandeling.
4 Als je het niet met je ouders eens was over hoe je iets moest doen, trokken ze zich emotioneel terug of verbraken het contact met jou.
5 Je ouders stonden je niet toe om als kind je eigen keuzes te maken.
6 Je had niet het gevoel dat jouw rechten, behoeften en meningen werden gerespecteerd toen je klein was.
7 Je had vaak het gevoel dat jouw ouders je niet de vrijheid gaven die andere kinderen hadden.
8 Je ouders deden veel voor anderen, maar ontkenden hun eigen behoeften.

VALKUILEN BIJ HET SCHEMA ONDERWERPING

1 Je geeft andere mensen alle ruimte, ten koste van jezelf.
2 Je wil te graag goedkeuring van anderen.
3 Je bent het niet graag openlijk oneens met anderen.
4 Je voelt je beter als anderen de leiding hebben.
5 Je doet bijna alles om confrontatie of kwaadheid te vermijden. Jij past je aan.
6 Je weet meestal niet wat je wilt, wat je voorkeur is en welke keuze je wilt maken.
7 Je rebelleert: je zegt automatisch nee als anderen zeggen wat je moet doen.
8 Je kunt niet goed met autoriteiten omgaan.
9 Je verzet je op een indirecte manier tegen wat anderen je opleggen. Je stelt uit, maakt fouten of verzint smoezen.
10 Je voelt je vaak kwaad op anderen als ze zeggen wat je moet doen.
11 Je blijft vaak in een situatie zitten waarin je je in de klem voelt zitten of waarin je tekort komt.
12 Je kiest vrienden of een partner die jou domineren en die je mening niet respecteren.

STAPPEN TOT VERANDERING

1 Begin met iedere dag een praatje te maken met iemand uit de groep en vertel iets over jezelf. Ga jezelf binnen therapie steeds meer laten horen en laten zien.
2 Word bewust van je onderwerping in contact met groepsleden en met de staf. Maak een lijst van situaties waarin je je onderwerpt en wat je strategie is. Maak hierbij gebruik van schemadagboekkaarten.
3 Voel het onderworpen, angstige kind in je en ga begrijpen waar je onderwerping vandaan komt. Welke schema's spelen daarin nog meer mee?
4 Ga je eigen behoeften, je eigen voorkeuren ontdekken. Wat vind je leuk om te doen in je vrije tijd, welke kleding vind je leuk, waar interesseer je je voor? Maar ook met welk materiaal werk je graag binnen beeldende therapie of welke spelvormen vind je leuk om te doen binnen dramatherapie of psychomotorische therapie? Houd een 'Ik-boek' bij, waarin je al je interesses en voorkeuren opschrijft of opplakt.

5 Ga steeds meer je eigen mening vormen. Neem taken op je, word groepsvertegenwoordiger en oefen met delegeren. Als je een rebel bent: probeer je neiging om het tegendeel te doen van wat iemand zegt te onderdrukken. Geef jezelf de vrijheid om het eens te kunnen zijn met een autoriteitsfiguur. En schrijf op wat het allemaal bij je oproept.
6 Laat complimenten binnenkomen, wuif ze niet weg.
7 Maak een lijst van ergernissen, irritaties, frustraties of boosheid. Onderzoek per situatie hoe jij met boosheid, irritatie of frustratie omgaat.
8 Ga leren je boosheid constructief te uiten. Binnen de vaktherapieën zijn er veel werkvormen die je hierbij kunnen helpen.
9 Ga oefenen met het confronteren van groepsleden en stafleden in plaats van je te onderwerpen.
10 Word boos over situaties in het verleden waarin je je onderworpen hebt gevoeld. Schrijf een brief aan degene aan wie je je onderworpen hebt gevoeld en laat weten dat je je vanaf nu niet meer wilt onderwerpen. Of doe in psychotherapie een imaginatieoefening waarbij je in opstand komt tegen de onderwerping van vroeger.
11 Ga na hoe je in het verleden je vriendschappen of partners koos die jou controleerden. Wees op je hoede als je verliefdheid heftig is, dit kan een schemakeuze zijn. Overweeg of je liever een gelijkwaardige relatie wilt. Als je een partner vindt die zich echt om jou en je behoeften bekommert, geef deze relatie dan een kans.

2.2.13
Zelfopoffering

BESCHRIJVING

Dit schema houdt in dat je je eigen behoeften opoffert en aan de kant zet, om vrijwillig de behoeften en wensen van de ander te vervullen. Je motief om dat te doen, kan zijn ingegeven door schuldgevoel, maar het kan ook zijn dat je de waardering wilt die je krijgt voor de zorg voor anderen. Je denkt dat je de ander kwetst wanneer jij jouw eigen behoeften nastreeft en vóór laat gaan. Je bent erg betrokken en gevoelig voor de pijn van anderen. Je denkt op een overdreven manier dat je verantwoordelijk bent voor anderen. Je hebt moeite om jezelf te laten zien en eigen behoeften onder woorden te brengen.
Je trekt in contact vooral naar mensen die zorg nodig hebben en die het jou dikwijls niet terug kunnen geven. Hierdoor krijg je het idee dat jouw behoeften niet gezien worden of dat er niet aan tegemoet gekomen wordt. Dat kan ook maken dat je op den duur een zekere rancune voelt omdat het geven en nemen in die contacten niet met elkaar in evenwicht zijn. Mensen met dit schema geven zoveel aan anderen dat ze zichzelf uiteindelijk tekort doen.

OVERTUIGING

Wanneer je het schema Zelfopoffering hebt ontwikkeld, komen de volgende gedachten in je op: 'alleen als ik iets voor een ander doe of beteken, ben ik iets waard' en 'anderen waarderen het als ik iets voor ze doe, het geeft me een goed gevoel dat ik betekenis voor hen heb, dat geeft mij bestaansrecht' of 'ik moet mijn gevoelens verbergen, want de ander heeft het zo zwaar'. Je denkt dat je minder waard dan anderen bent.

GEVOELENS

Je bent erg gevoelig voor de pijn van anderen; door het intens meevoelen, ga je zorgen voor de ander en denk je dat je verantwoordelijk bent om hun pijn te verzachten. Je hebt de angst dat wanneer je voor jezelf kiest en je eigen behoeften op de eerste plaats zet, geen mens om je geeft en je alleen zult zijn, maar gaat je dan ook schuldig voelen en egoïstisch. Omdat je zoveel voor de ander zorgt, ga je ook iets terugverwachten; bij het besef dit niet te krijgen kan je boos en verdrietig worden.

OORZAKEN VAN HET SCHEMA ZELFOPOFFERING

1 Eén van je ouders was er weinig of was niet in staat om voor jou en het gezin te zorgen waardoor jij de zorg voor anderen uit het gezin op je hebt genomen.
2 Je was het luisterende oor voor je ouders. Je ouders deelden persoonlijke problemen met jou.
3 Je ouders gaven je een schuldgevoel als je niet deed wat zij van je vroegen.
4 Je zag je ouders als voorbeeld; zij zorgden belangeloos voor anderen en zetten hun eigen behoeften aan de kant.
5 Voor jouw mening, behoeften en rechten was weinig tot geen ruimte omdat de zorg naar anderen ging.
6 Als kind handelde je voorzichtig omdat je bang was dat je ouders of één van hen zich zorgen zouden maken of zelfs depressief werden.
7 Je ouders waren ernstig ziek en konden zelf weinig of geen zorg bieden.

VALKUILEN BIJ HET SCHEMA ZELFOPOFFERING

1 Je hebt een erg groot verantwoordelijkheidsgevoel en neemt regelmatig te veel hooi op je vork.
2 Je wilt te graag goedkeuring van anderen.
3 Jij draait altijd op voor de zorg voor anderen; er is niemand die eens naar jou luistert of voor je zorgt.
4 Je durft niets te zeggen of doen wat anderen zou kunnen kwetsen.
5 Je voelt je schuldig als je uitkomt voor je eigen behoeften.
6 Je hebt moeite met aandacht vragen en doet jezelf tekort.
7 Je kiest vrienden of partners die erg zorgbehoevend zijn door veel persoonlijke problemen zoals drankgebruik, onverantwoordelijk of onbetrouwbaar zijn, snel depressief of erg gevoelig zijn.
8 Je kiest ook vaak vrienden of partners die niets kunnen of doen alsof ze niets kunnen, waardoor jij van alles van ze gaat overnemen, initiatief neemt en keuzes maakt.

STAPPEN TOT VERANDERING

1 Kijk in het dagelijkse leven wanneer je het idee hebt dat je jezelf opoffert en dus je eigen behoeften aan de kant zet.
2 Maak een lijst met vier kolommen. Hierin schrijf je wat jij voor een ander doet met tegenzin, wat je met plezier voor een ander doet, wat een ander voor jou doet en wat jij voor jezelf doet.
3 Ga terug naar je kindertijd en schrijf de situaties op waarvan jij denkt dat ze te maken hebben met het ontwikkelen van het schema Zelfopoffering.
4 Neem in therapie (één keer per dag) ruimte in om jouw persoonlijke inbreng te delen. Als je dat heel moeilijk vindt, kun je daarover van te voren afspraken maken met je groepsleden. Denk hier ook aan oefeningen die te maken hebben met letterlijk ruimte innemen binnen de psychomotorische therapie, beeldende therapie en dramatherapie.

5. Bekijk de lijst die je bij punt 2 hebt opgeschreven. Ga na welke dingen jij zou willen veranderen. Maak een lijst van gemakkelijk naar wat moeilijker en ga oefenen met assertief gedrag. Stop met taken die je doet vanuit dit schema.
6. Maak een taartdiagram waarin je onderzoekt hoe verantwoordelijk jij bent.
7. Maak een 'Ik-boek' waarin je alles schrijft, plakt of tekent wat jij leuk/mooi/lekker vindt. Denk bijvoorbeeld aan muziek, eten, landen, hobby's en kleding.
8. Ga voor jezelf na of je de dingen die je doet ook werkelijk wilt doen en of het eigenlijk wel jouw taak is. Als je het gevoel krijgt dat iets niet jouw verantwoordelijkheid is, ga dat dan zeggen. Kom voor jezelf en je eigen belangen op.
9. Denk eerst na voor je antwoord geeft op een vraag. Vermijd de woorden 'maakt mij niets uit' of 'geeft niet'. Verdoezel je mening niet met het woordje 'maar' (voorbeeld: ik ben nu te moe, maar ik doe het toch wel even).
10. Plan dagelijks tijd voor jezelf waarin je iets doet wat je leuk vindt. Toon ook initiatief en vraag iemand mee die jij echt graag mee wilt hebben (en niet uit schuldgevoel) om iets met jou te gaan doen.
11. Probeer zorg te ontvangen en accepteren en vraag wanneer nodig zelf om hulp.
12. Probeer het zorgen voor een ander te begrenzen tot het noodzakelijke en draag soms een gedeelte van de zorg over aan een groepsgenoot.
13. Spreek je uit over oude behoeften die onvoldoende vervuld zijn en uit je gevoelens van boosheid en verdriet daarover. Laat je troosten door een ander.
14. Kijk kritisch naar je sociale netwerk en naar de contacten waarin je voortdurend voor de ander zorgt en waarbij niet tegemoet wordt gekomen aan jouw behoeften. Ga in gesprek met degene bij wie je dat ervaart en kijk of er meer wederkerigheid in het contact mogelijk is.
15. Ga nog eens naar de lijst uit punt 2. Bekijk of er nog steeds dingen zijn die je met tegenzin voor een ander doet. Maak een plan om daarmee op te houden.

2.2.14
Emotionele geremdheid

BESCHRIJVING

Bij dit schema rem je jezelf voortdurend af als het gaat om spontaniteit, jezelf uiten of aan anderen laten zien wat er in je omgaat. Het kan gaan om het tegenhouden van impulsen en gevoelens als woede en agressie, maar ook om plezier, affectie, seksuele opwinding, spel. Ook kan het zijn dat je moeite hebt je kwetsbaarheid te laten zien of vrijuit te communiceren over je gevoelens en behoeften. Een manier om dit te doen is door overdreven nadruk te leggen op rationaliteit, om zo je gevoelens weg te drukken.

OVERTUIGING

'Ik kan me maar beter koest houden', met als achterliggende gedachte dat het slecht, gek of gevaarlijk is om je gevoelens te laten zien, erover te praten of er gehoor aan te geven. Deze gedachte komt voort uit angst voor afkeuring door anderen of de angst om de controle over de eigen impulsen te verliezen.

GEVOELENS

Angst en spanning overheersen. Je hebt je gevoelens liever onder controle, omdat er anders intimiteit kan ontstaan en dat maakt je angstig. Of je bent bang alle controle te verliezen als je je emoties gaat uiten. Hierdoor maak je een beheerste, vreugdeloze of barse indruk. Het kan ook zijn dat je vijandig of rancuneus bent door ongeuite kwaadheid.

OORZAKEN VAN HET SCHEMA EMOTIONELE GEREMDHEID

1. Je ouders keurden het uiten van emoties sterk af.
2. Je kreeg het idee dat je de goedkeuring en liefde van je ouders zou verliezen of dat je te schande werd gezet als je spontaan je gevoelens zou tonen.
3. Iemand in je gezin of nabije omgeving (bijvoorbeeld een broer of zus, een buurjongen) was erg temperamentvol en impulsief en werd door je ouders negatief bejegend. Je nam jezelf voor dat jou dat niet zou gebeuren.
4. In je cultuur van herkomst wordt veel waarde gehecht aan zelfbeheersing.

VALKUILEN BIJ HET SCHEMA EMOTIONELE GEREMDHEID

1. Je laat jezelf niet zien en horen, zodat het anderen niet duidelijk is wat er in je omgaat of wat je nodig hebt.
2. Je waardeert zelfcontrole meer dan intimiteit en spontaniteit.
3. Je bent erg gericht op je lichaam en schrikt van (heftige) emoties.
4. Je richt je te sterk op goede omgangsvormen.
5. Je bent star en weinig flexibel.
6. Je houdt je vast aan routines en rituelen.
7. Je legt veel nadruk op rationaliteit.
8. Je overmatige controle strekt zich ook uit naar belangrijke anderen in je omgeving.

STAPPEN TOT VERANDERING

1. Maak een lijst met de voor- en nadelen van het uiten van verschillende emoties. Bespreek dit met anderen.
2. Ga na of de nadelen en gevolgen waarvoor je bang bent bij het uiten van emoties, reëel zijn. Doe de meerstoelentechniek met de schemakant en je gezonde kant.
3. Ga je gevoelens registreren, probeer ze te benoemen door er bijvoorbeeld kleurtjes aan te geven.
4. Begrijp de oorzaak van dit schema.
5. Ga in imaginatieoefeningen terug naar emotionele situaties in het verleden en probeer contact te maken met de emoties die je toen hebt tegengehouden (woede, verdriet, seksuele opwinding, plezier, angst enzovoort). Vind daar nu een goede uiting voor.
6. Ga (binnen de vaktherapieën) activiteiten ondernemen waarbij spontane uitingen van belang zijn, zoals dansen, muziek maken, schilderen, kleien, zingen, stoeien of het doen van kinderspelletjes.
7. Ga, in dramatherapie of in een systeemgesprek, een dialoog aan met je ouders die het uiten van emoties afkeurden.
8. Maak een lijst van dagelijkse activiteiten waarbij je sterk de controle houdt en probeer eens uit hoe het is als je de controle laat vieren.
9. Maak een lijst van mensen met wie je omgaat en vraag je af bij wie je de minste moeite ervaart gevoelens te uiten. Neem vervolgens risico door meer te uiten, ook bij de mensen die verderop in het lijstje staan.

2.2.15
Extreem hoge eisen

BESCHRIJVING

Als je in het schema Extreem hoge eisen gevangen zit, leg je de lat per definitie hoger dan andere mensen dat doen. Jouw normen zijn meedogenloos. Je staat constant onder een enorme druk om aan de hoge verwachtingen van jezelf te voldoen. Je probeert overal de beste in te zijn. Je bent gefocust op dingen die buiten jezelf liggen en werkt daar hard voor. Dit kan een dwangmatige vorm aannemen. Je houdt je dan te veel bezig met details in plaats van met de grote lijnen. Als je gericht bent op prestatie, ben je waarschijnlijk een workaholic die lange dagen maakt en weekenden doorwerkt. Dit kan voor elke activiteit gelden waarbij je jezelf tot slaaf maakt. Als je meer gericht bent op status kan het zijn dat je een 'vals zelf' hebt ontwikkeld. Je bent dan gericht op geld, schoonheid of (maatschappelijke) erkenning. Voor je eigen geluk, plezier, je gezondheid, voor voldoening in je werk en voor bevredigende relaties heb jij weinig of geen aandacht, daar kom je in alle drukte niet aan toe. Waarschijnlijk breng je jouw strenge maatstaven ook over op anderen, waardoor je een kritische en veroordelende houding aanneemt.

Een ander kenmerk van mensen met Extreem hoge eisen is dat ze in wezen zelf niet weten waarvoor ze zo hard werken – ze doen zo omdat het zo hoort. Achter elk doel schuilt weer een volgend doel en.

OVERTUIGING

De basisovertuiging die bij dit schema hoort is 'het is nooit goed genoeg'. Je denkt constant dat je harder moet werken dan je al doet, dat je sneller, beter, flitsender moet zijn. Je denkt dat je te weinig tijd hebt. Deze overtuigingen projecteer je vaak ook op anderen.

GEVOELENS EN LICHAMELIJKE GEWAARWORDINGEN

De allesoverheersende toestand van het schema Extreem hoge eisen is druk. Je voelt je constant gedreven en onder spanning staan. Ontspanning is voor jou een onbekende zaak, vaak ben je gehaast. Het kan zijn dat zich dit in je lichaam uit door stresssymptomen zoals hoge bloeddruk, maagzweren, vermoeidheid of eetproblemen. Vaak is er sprake van chronische (onderhuidse) boosheid en frustratie, je bent constant geïrriteerd over je onvolmaaktheid en denkt dat je faalt in je werk. Door die teleurstelling kun je ook schaamte voelen. Je kunt niet tevreden zijn met wat er is. Je bent vaak geïrriteerd of gefrustreerd omdat mensen en dingen om je heen niet aan jouw hoge normen voldoen.

OORZAKEN VAN HET SCHEMA EXTREEM HOGE EISEN

1 Als kind werd van jou verwacht dat je de beste was, al het andere werd gezien als onvoldoende. Je leerde dat niets wat je deed echt goed genoeg was.
2 Je kreeg alleen aandacht als je goed gepresteerd had.
3 Je ouders reageerden met kritiek of maakten je beschaamd als je niet aan hun eisen voldeed.
4 Je ouders waren je voorbeeld: zij stelden aan zichzelf ook te strenge normen. Misschien was een van je ouders een workaholic.
5 Jouw strenge normen zijn ontwikkeld als compensatie voor Minderwaardigheid/ schaamte, Sociaal isolement, Emotioneel tekort of Mislukking.

VALKUILEN BIJ HET SCHEMA EXTREEM HOGE EISEN

1 Je let te weinig op je gezondheid, waardoor je lichamelijke klachten krijgt.
2 De balans tussen werk en plezier is scheef. Je ervaart constante druk en je werkt zonder plezier.
3 Je gehele leven schijnt te draaien om succes, status en materiële zaken. Je lijkt niet meer te weten wat je werkelijk gelukkig maakt (hoe je kunt ontspannen, wat je leuk vind in het contact met vrienden enzovoort).

4 Je hebt te veel energie nodig om je leven op orde te houden. Je gebruikt te veel tijd met lijsten bijhouden, schoonmaken, opruimen of plannen en hebt niet genoeg tijd om creatief te zijn of het ervan te nemen.
5 Je neemt zelden de tijd te genieten van iets wat je afgemaakt hebt, maar gaat al weer verder naar de volgende taak die op je wacht.
6 Je neemt te veel taken op je zodat je niet genoeg tijd hebt om af te maken wat je begonnen bent.
7 Je eisen liggen zo hoog dat je veel activiteiten als verplichtingen ziet of als beproevingen waar je doorheen moet in plaats van te genieten van het proces zelf.
8 Je stelt veel uit. Omdat door je hoge eisen taken overweldigend groot lijken, vermijd je ze.
9 Je bent kritisch in het contact met anderen en zij interesseren je niet echt als ze niet aan jou verwachtingen voldoen.

STAPPEN TOT VERANDERING

1 Maak een lijst met gebieden waarbij je te hoge normen stelt, bijvoorbeeld je huis op orde houden, lichaamstraining, populariteit of werk, elk levensgebied waar je een constante druk ervaart.
2 Maak een lijst van de voor- en nadelen van het aan je normen moeten voldoen.
3 Begrijp de oorzaak van dit schema. Hoe gingen je ouders om met hun tijd, wat waren hun normen en hun eisen? Had je ouders die je voorwaardelijke liefde gaven? Je strenge normen kunnen ook een deel zijn van een ander, meer basaal schema, zoals Minderwaardigheid, Sociaal isolement of Emotioneel tekort.
4 Bekijk wat de effecten zijn als je je eisen 25% lager stelt. Jij hebt het idee dat minder dan 100% meteen 0% is, maar er zit een groot gebied tussen perfectie en mislukking. Je moet leren dat het mogelijk is iets voor 80% of 70% te doen en toch goed werk af te leveren. Dit kun je bijvoorbeeld bij de groepstaken of in de vaktherapieën uitproberen. Experimenteer met dingen onaf te laten en kijk hoe dat voelt.
5 Zoek, met hulp van een therapeut, eens uit wat iemand voor jou waardevol maakt en kijk hoe jij scoort op deze dimensies.
6 Probeer een beeld op te roepen van hoe je leven zou zijn zonder de druk. Als je weer die druk voelt, stop dan en ga zitten, ontspan je, doe je ogen dicht en kijk wat er gebeurt. Wat zou je willen doen wat belangrijker is in je leven?
7 Sta stil bij de tijd die het kost je normen te handhaven. Wissel uit met groepsgenoten over wat reële tijdsnormen zijn. Besluit voordat je aan iets begint hoeveel tijd je er maximaal aan wilt besteden; schrijf dit op en houd je eraan.
8 Stel prioriteiten. Mensen met Extreem hoge eisen verliezen vaak de prioriteit uit het oog. Alle taken worden dan even belangrijk.
9 Sta stil bij wat er gebeurt als je zo meer tijd en ruimte in je leven creëert. Welke behoeften komen er omhoog? Waar heb je plezier in, wat ontspant je? Waar heb je zin in? Waar geniet je van? In de vaktherapieën kun je hiermee aan de slag gaan. Misschien kom je er achter dat je een bepaalde hobby leuk vindt? Ga dingen doen met anderen en doe ook eens dingen waar je niet goed in bent of die geen bepaalde betekenis hebben.

3 Formulieren klinische schematherapie

E.H. Muste en J.M.L. van der Meijden

	Inleiding	66
3.1	Uitleg en algemene informatie over cognitieve gedragstherapie	67
3.1.1	Cognitieve therapie: algemene informatie	68
3.1.2	Disfunctionele denkgewoonten	74
3.2	In kaart brengen en uitwerken van problemen, klachten en schema's	76
3.2.1	Formulier gespreksvoorbereiding	78
3.2.2	SMART doelen formuleren	79
3.2.3	Huiswerkformulier	81
3.2.4	Formulier analyse probleemgedrag	82
3.2.5	Signaleringsplan	84
3.2.6	Schema-uitwerklijst	85
3.2.7	Voor- en nadelenanalyse	86
3.2.8	Copingstrategieën; hoe ga ik met mijn schema's om?	87
3.2.9	Kosten/batentechniek	88
3.2.10	Formulier stappenplan/werkpunten	89
3.2.11	Activiteitendagboek	90
3.2.12	Klachtenregistratie per dag	91
3.2.13	Registratie	92
3.3	Opsporen en uitdagen van gedachten en overtuigingen	93
3.3.1	G-schema	94
3.3.2	Dagboek voor het bijhouden van gedachten	95
3.3.3	Schemadagboekkaart	97
3.3.4	Bijlage bij schemadagboek	98
3.3.5	Modidagboekkaart	99
3.3.6	Informatie verzamelen; historische toets en actuele toets	100
3.3.7	Automatische gedachten opsporen	101
3.3.8	Vragen om overtuigingen en gedachten uit te dagen	102
3.4	Veranderen van gedachten en experimenteren met nieuw gedrag	103
3.4.1	Geheugenkaart voor modi	104
3.4.2	Geheugenkaart voor schema's	105
3.4.3	Veranderen van overtuigingen	106
3.4.4	Experimentformulier	107
3.4.5	Experimentkaartjes, oplopend in moeilijkheid	108
3.4.6	Exposure-oefening	109
3.4.7	Weekplan	110
3.4.8	Positief dagboek: gebeurtenissen die mijn overtuiging tegenspreken	111
3.4.9	Lijst met leuke dingen (uit M.M. Linehan, 1996)	112

Inleiding

Dit formulierendeel biedt je formulieren die je tijdens je behandeling gaat gebruiken. Klinische schematherapie is een vorm van behandeling waarin het belangrijk is om actief aan de slag te gaan en op onderzoek uit te gaan. De formulieren kunnen je helpen bij het in kaart brengen van:
- de problemen waarvoor je in behandeling bent;
- de automatische gedachten en onderliggende overtuigingen die samenhangen met je schema's;
- je reacties wanneer een schema of modus actief wordt;
- hoe je anders kunt leren reageren.

Voordat je tot verandering kunt komen, zul je eerst je bekende patronen in kaart moeten brengen. Vaak is het verrassend om door registratie te zien welke gedachten en overtuigingen er spelen en hoe je gedrag er uit ziet. Pas als je daar bewust van bent, kun je beginnen met die gedachten en overtuigingen tegen te spreken en te oefenen met ander gedrag.

De formulieren in dit formulierendeel zijn in hoofdstukken gegroepeerd. Paragraaf 3.1 gaat over cognitieve therapie. Binnen schematherapie wordt veel gewerkt met technieken uit de cognitieve therapie. In elke situatie beïnvloeden gedachten en vroegere ervaringen je reacties, zowel in positieve als in negatieve zin. Van de meeste gedachten ben je je vaak helemaal niet bewust en heb je het idee dat deze automatisch komen. Er zijn in het verleden misschien situaties of gebeurtenissen geweest waarin je erg geschrokken bent of waarmee je geen raad wist. Toen heb je op een bepaalde manier gereageerd en nu ben je geneigd in soortgelijke situaties op dezelfde manier te reageren, met bijvoorbeeld dezelfde gevoelens van angst, woede of hulpeloosheid. Omdat je niet meer bewust bent van deze automatische gedachten en onderliggende overtuigingen is het heel lastig om in een situatie die (gedeeltelijk) op vroeger lijkt, nu op een andere manier te reageren. Je reageert dan volgens een 'bekend, maar negatief schema'.

Je moet gaan 'trainen' om anders te leren aankijken tegen lastige of vervelende situaties en je moet daarvoor ook huiswerk maken. Voor dit huiswerk krijg je geen cijfer en fouten maken mag! Daar leer je immers van. Zie het huiswerk als een zoektocht waarbij je zo nu en dan de verkeerde weg inslaat maar uiteindelijk op het goede pad geraakt.

In paragraaf 3.2 vind je de formulieren die je helpen om je problemen en klachten in kaart te brengen en een plan van aanpak te ontwikkelen.
In paragraaf 3.3 vind je formulieren die je helpen bij het opsporen van de automatische gedachten en je helpen uit te zoeken of je reacties nog passend zijn op dit moment.
Paragraaf 3.4 ten slotte geeft je handvatten om nieuwe besluiten te nemen over je negatieve overtuigingen en te experimenteren met ander gedrag.

Je hoeft overigens niet alles alleen te doen; het werkt vaak goed om samen met anderen aan deze formulieren te werken.

3.1 Uitleg en algemene informatie over cognitieve gedragstherapie

3.1.1 Cognitieve therapie: algemene informatie
Dit is een stuk om eens rustig door te lezen. Er wordt uitleg gegeven over cognitieve therapie. Je leest hoe gedachten invloed hebben op je gevoel en gedrag. Tevens krijg je een korte uitleg over hoe cognitieve therapie werkt.

3.1.2 Disfunctionele denkgewoonten
Als aanvulling op bovenstaand stuk is een lijst ingevoegd met 'denkfouten'. Dit kan je helpen om je denkpatronen te onderzoeken.

3.1.1 Cognitieve therapie: algemene informatie

In dit hoofdstuk hebben we gebruik gemaakt van informatie die gebruikt wordt om uit te leggen wat cognitieve therapie inhoudt en wat de technieken zijn die daarbij horen. Het woord schema wordt regelmatig genoemd. In dit stuk wordt dan geen schema bedoeld zoals in schematherapie. Het lijkt er wel wat op, maar een schema bij schematherapie is meer omvattend en bestaat uit een set van deze cognitieve schema's. Dikwijls wordt het voorbeeld gebruikt van angst voor honden om de invloed van cognities op psychische klachten en de werking van cognitieve therapie toe te lichten. Het voorbeeld is simpel en duidelijk, maar waarschijnlijk heb je zelf last van heel andere klachten. Toch verwachten we dat het simpele voorbeeld herkenbaar voor je is en je helpt de werking van cognitieve therapie beter te begrijpen.

WAT IS COGNITIEVE THERAPIE?

Cognities is een ander woord voor gedachten. Cognitieve therapie gaat ervan uit dat psychische klachten (nare gevoelens, problematisch gedrag) verband houden met de gedachten die mensen hebben in de situatie waarin ze verkeren.

Stel je de situatie voor dat je een grote hond op straat tegenkomt. Wat denk je in zo'n situatie?
Wellicht denk je: wat een mooi beest. Dan voel je je rustig. Je loopt gewoon door of gaat de hond even aaien. Het kan ook zijn dat je denkt: oh jee, die gaat me bijten. In dat geval voel je je gespannen of angstig, houd je de hond aandachtig in de gaten of steek je de straat over om uit zijn buurt te blijven.

Met dit eenvoudige voorbeeld willen we laten zien dat niet zozeer de situatie (de hond die je tegenkomt), maar jouw interpretatie van de situatie bepaalt hoe je voelt en gedraagt. Dit betekent dat als je jouw interpretatie van situaties leert veranderen, ook jouw gevoel en gedrag zullen veranderen.

situatie → gedachten → gevoel en gedrag

Met cognitieve technieken ga je samen met je therapeut en je groepsleden onderzoeken welke gedachten bij jou een rol spelen bij de nare gevoelens of het problematisch gedrag waar je last van hebt. Vervolgens leer je een aantal technieken om te onderzoeken of jouw gedachten wel helemaal kloppen in de situatie waarin je ze dacht. Zonodig formuleer je nieuwe, beter bij de situatie passende gedachten. We noemen dat 'realistische gedachten'.

WAT IS DE ROL VAN MIJN GEDACHTEN?

Net als iedereen heb je in allerlei situaties gedachten die jouw gevoel en gedrag beïnvloeden, zowel in positieve als in negatieve zin. Van de meeste gedachten ben je je helemaal niet meer bewust; je hebt ze in bepaalde situaties zo vaak gedacht dat het nu automatisch gaat. Een voorbeeld is de situatie dat je met de auto op een kruispunt afrijdt. Toen je rijles had, dacht je in zo'n situatie heel bewust na over je handelingen: nu moet ik afremmen, de koppeling intrappen en terugschakelen. Nu, na vele malen op een kruispunt te zijn afgereden, denk je daar niet meer bewust over na, je doet het automatisch. Zo gaat het ook bij psychische klachten. In het voorbeeld van de angst voor honden heb je in een aantal situaties waarin je een hond tegenkwam bewust gedacht: die gaat me bijten. Na vele ontmoetingen met een hond is deze gedachte niet meer bewust, je voelt alleen nog maar de angst en je gedrag gaat als het ware automatisch (oversteken of de hond nauwlettend in de gaten houden). Omdat we ons niet meer zo bewust zijn van onze gedachten is het vaak lastig om de automatische negatieve gedachten op te sporen. Hier komen we later op terug.

Misschien heb je bij het lezen van het bovenstaande voorbeeld afgevraagd waarom de ene persoon denkt dat de hond gaat bijten en de ander dezelfde hond mooi of lief vindt. Dit heeft te maken met de kennis over honden van deze personen. Deze kennis wordt verkregen door leerervaringen in de loop van het leven. Hierbij spelen onder meer opvoeding, belangrijke en indrukwekkende gebeurtenissen en belangrijke anderen een rol. Heeft iemand van jongs af aan positieve ervaringen met honden, dan zal hij positieve opvattingen over honden ontwikkelen zoals: honden zijn lief en honden zijn leuk en mooi. Heeft iemand daarentegen negatieve ervaringen met honden, dan zal hij waarschijnlijk negatieve opvattingen over honden ontwikkelen zoals: honden bijten of voor honden moet je altijd uitkijken, want ze zijn onbetrouwbaar. Vaak zijn één of enkele negatieve ervaringen al genoeg om tot negatieve opvattingen te leiden. Negatieve opvattingen kunnen ook worden gevormd zonder zelf een negatieve ervaring te hebben gehad. Zo kan het getuige zijn van bijtende honden, nieuws over bijtende honden in kranten of op tv of het hebben van een ouder die bang is voor honden, leiden tot de vorming van negatieve gedachten over honden. Het gevoel en gedrag dat iemand vertoont in een situatie, hangen samen met de opvattingen die hij heeft over die situatie. Angstige opvattingen over honden leiden tot ander gedrag en andere gevoelens dan positieve of neutrale opvattingen.

De belangrijkste opvattingen die iemand heeft, worden in de cognitieve therapie kernopvattingen genoemd. Ze zijn, samen met de verschillende leefregels die we in het dagelijks leven hanteren, opgeslagen in het geheugen. Dat noemen we cognitieve schema's. Mensen hebben schema's over allerlei aspecten van het leven. Je hebt een schema over 'moeder', maar ook over bijvoorbeeld 'vliegen', 'tuinen' en 'mannen met baarden en snorren'. Van deze schema's ben je je doorgaans niet bewust. Als je bijvoorbeeld naar je moeder toegaat, wordt het schema 'moeder' automatisch geactiveerd, eigenlijk zonder dat je je er heel bewust van bent. Toch zou je het kunnen merken aan hoe je je voelt en gedraagt. Heb je overwegend positieve ervaringen met je moeder, dan zal de activering van het schema leiden tot positieve gevoelens en gedragingen. Heb je vooral negatieve ervaringen met je moeder, dan zal de activering van het schema leiden tot een vervelend gevoel en/of vermijdend of agressief gedrag. De geactiveerde schema's zijn dus bepalend voor jouw gevoel en gedrag in de situatie.

Cognitieve schema's zijn nuttig. Ze bevatten geordende kennis die situaties overzichtelijk maken en je in staat stellen meer te zien dan alleen de feitelijkheden. Als je bijvoorbeeld een auto ziet, ga je ervan uit dat er bepaalde onderdelen inzitten, zoals een stuur, motor, benzinetank, stoelen en een hoedenplank. Je bent echter niet geboren met kennis over auto's. Die kennis heb je in de loop van het leven opgedaan en opgeslagen in het 'autoschema'. Schema's zorgen er dus voor dat je niet alle aspecten van een situatie rechtstreeks hoeft waar te nemen om de situatie te kunnen interpreteren. Over het algemeen zijn cognitieve schema's dus nuttig en helpend. Geactiveerde schema's beïnvloeden de manier waarop je situaties interpreteert en de wijze waarop je informatie verwerkt. Wanneer je in een restaurant zit, zul je het woord menu heel anders interpreteren dan wanneer je achter jouw computer zit. Schema's beïnvloeden de interpretatie op de volgende manieren:
– Schema's beïnvloeden welke informatie je waarneemt en welke je negeert (selectie).
– Op basis van de schema's wordt aan de geselecteerde informatie een betekenis toegekend (interpretatie) en wordt de informatie verder verwerkt tot nieuwe betekenissen (transformatie).

- Schema's beïnvloeden welke informatie je uit je geheugen kunt ophalen en welke betekenis je aan die herinneringen toekent (herinnering).
- Schema's beïnvloeden de acties die je onderneemt (actie).

We zullen dit aan de hand van een voorbeeld verduidelijken. Als je somber bent, zijn bij jou zogenoemde depressogene schema's geactiveerd. Als je op dat moment een bos bloemen krijgt, dan valt jouw oog precies op die ene geknakte bloem, in plaats van op de prachtige andere bloemen.

1 Normaal vindt je een geknakte bloem waarschijnlijk niet zo erg; je verwijdert hem en houdt een prachtige bos over. Nu je somber bent (en jouw depressogene schema's actief zijn), vind je het wel erg (betekenis), waardoor jouw stemming verslechtert. Je denkt vervolgens 'dat moet mij ook altijd overkomen, zelfs zoiets gaat mis' (transformatie).
2 Je denkt dan mogelijk terug aan andere keren dat er iets mis ging met een bos bloemen of zelfs aan andere mislukkingen in je leven, wat je indruk verder bevestigt: 'zie je wel, het gaat altijd mis, ik ben voor het ongeluk geboren'.
3 Je besluit de bos uiteindelijk maar weg te gooien; 'het heeft toch geen zin meer, de lol is er wel af'.
4 Op deze manier worden de (actieve) depressogene schema's bevestigd en verder versterkt. Er is een zogenaamde vicieuze cirkel ontstaan.

In schema ziet het cognitieve model van overmatige angst voor honden er zo uit:

Figuur 1.1
Schema van overmatige angst voor honden.

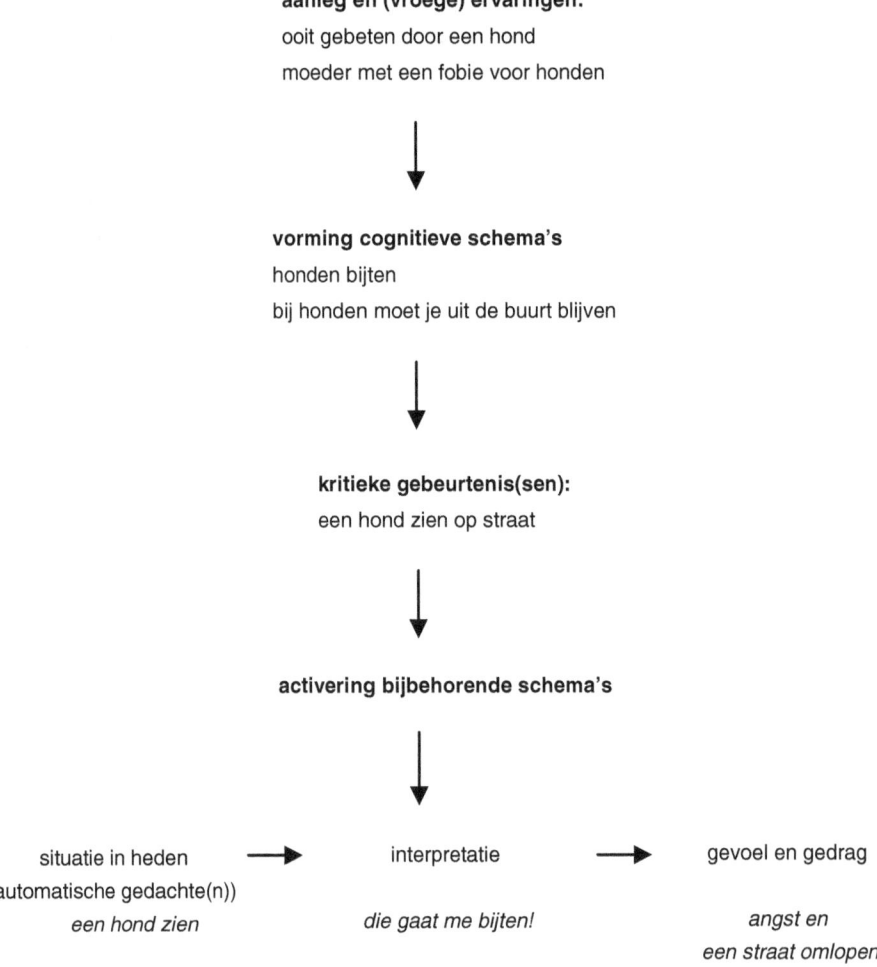

Nogmaals willen we benadrukken dat cognitieve schema's en de functies van deze schema's normaal en over het algemeen nuttig en helpend zijn. Soms zijn bepaalde schema's – of de werking ervan – echter lastig of nadelig voor je. Dat wil zeggen dat ze steeds tot onjuiste of niet helemaal juiste interpretaties van situaties en/of tot nare gevoelens of problematisch gedrag leiden. In de cognitieve therapie noemen we dit 'systematische vertekeningen of fouten in het denken van mensen', wat kan leiden tot psychische stoornissen. Met cognitieve therapie richten we ons op deze *systematische* denkfouten, niet op incidentele negatieve gedachten die heeft iedereen wel eens en die horen bij het leven. In paragraaf 3.1.2 hebben we een heel aantal disfunctionele denkgewoonten op een rijtje gezet.

Als je af en toe bij een bepaalde hond (bijvoorbeeld een loslopende pitbull die met ontblote tanden op je afkomt, terwijl zijn baasje in geen velden of wegen te bekennen is) denkt 'die kan me wel eens bijten', dan hoef je deze gedachten niet uit te gaan werken, het is een gezonde gedachte! Als je echter telkens als je met een hond geconfronteerd wordt (of bijvoorbeeld ver weg een hond hoort blaffen) denkt dat die hond je gaat bijten en de kans hierop heel hoog inschat, is het goed de achterliggende gedachte van deze angst te gaan onderzoeken. Dan gaat het namelijk om een systematische fout in het denken, want de kans dat een hond bijt is uiteraard niet nul, maar wel veel kleiner dan jij denkt. Als iemand met angst voor honden de kans dat hij door een hond gebeten wordt reëler leert inschatten, zal zijn angst tot 'normale' proporties afnemen.

WAT IS HET DOEL VAN COGNITIEVE THERAPIE?

Het doel van cognitieve therapie is situaties reëler, functioneler of evenwichtiger te leren beoordelen. Hierdoor veranderen je gevoelens en gedrag ook in een positieve of minder lastige richting.

Cognitieve therapie is er niet op gericht je alleen nog maar positief te leren denken en alleen nog maar positieve gevoelens te laten ervaren; dat is niet alleen onmogelijk maar ook onwenselijk. Normale negatieve emoties horen bij het leven en zijn ook nuttig; zoals gesteld is enige alertheid bij honden verstandig; en verdriet na een nare gebeurtenis (zoals ontslag of het overlijden van een belangrijke ander) van belang om de ervaring te verwerken.

Reële problemen (zoals een vervelende baas, gevaarlijke honden of lichamelijke ziekten) blijven uiteraard ook na cognitieve therapie bestaan. Door het toepassen van de geleerde technieken leer je alleen wel *minder last* te hebben van deze problemen en er *beter mee om te gaan*. Daardoor ervaar je een groter gevoel van controle over deze situaties en wellicht ook over jezelf.

Kortom: wat vervelend is, blijft ook met cognitieve therapie vervelend, maar is geen ramp meer.

HOE WERKT COGNITIEVE THERAPIE?

Cognitieve therapie is een *training* in het anders leren aankijken tegen lastige of vervelende situaties. Om dit te leren, is oefenen belangrijk; er wordt daarom van jou veel zelfwerkzaamheid verwacht, zowel in de gestructureerde therapie als tussentijds. In overleg maken we huiswerkafspraken waarin je de besproken vaardigheden verder oefent en als het ware 'intraint'. Let wel: je krijgt voor het huiswerk geen cijfer, dus fouten maken mag. Zonder fouten te maken, zou je immers niets leren.

- De aanpak ziet er in grote lijnen als volgt uit. In eerste instantie hebben we als doel jouw problematiek *in kaart te brengen*.
- Het volgende onderdeel is het *opsporen* van lastige gedachten. Aan de hand van concrete probleemsituaties wordt bekeken welke gedachten jou in die situaties

hinderen. Tussen de sessies door registreer je deze probleemsituaties, het gevoel dat je in die situaties had en de gedachten die voorafgingen aan dat gevoel. We gebruiken daarvoor een gedachteschema.
- Na het opsporen van lastige of negatieve gedachten gaan we verder met het leren *onderzoeken* van jouw gedachten. Met onderzoeken wordt bedoeld dat met behulp van informatieverzameling kritisch wordt bekeken of jouw gedachte(n) klopte(n) in de situatie. Je kunt dit vergelijken met een wetenschappelijk onderzoek: jouw gedachte wordt opgevat als een veronderstelling, die waar of onwaar (of eventueel een beetje waar) kan zijn. Door bewijzen vóór en tegen deze veronderstelling te verzamelen, kun je zelf beoordelen of de gedachte helemaal klopt, gedeeltelijk klopt of niet klopt. Klopt jouw gedachte niet of niet helemaal (wat vaak het geval blijkt), dan kunt je op basis van de door jou zelf gevonden bewijzen en argumenten een *alternatieve, meer evenwichtige gedachte* formuleren. Deze gedachte zal tot minder vervelend en ongewenst gevoel en gedrag leiden en juist positiever gevoel en gedrag opleveren.
- Blijkt jouw gedachte wel te kloppen (wat veel minder vaak voorkomt), dan wordt in de therapie een *actieplan* ontwikkeld om met deze waarheid om te gaan. Een voorbeeld hiervan is de medewerker die overspannen thuis zit omdat zijn baas hem, naar zijn idee, niet goed genoeg vindt en van hem af wil. Na onderzoek (waarbij onder meer gebruik is gemaakt van informatie van de bedrijfsarts) blijkt deze gedachtegang redelijk te kloppen. Samen met de therapeut en groep worden strategieën ontwikkeld om met deze situatie om te gaan. Een mogelijkheid is een gesprek met de baas te maken om deze situatie te bespreken en te beoordelen of er mogelijkheden zijn om de situatie te veranderen. Een andere mogelijkheid is op zoek te gaan naar een andere baan (in- of extern). Hopen dat de baas verandert, is geen goede optie: de kans hierop is klein en moeilijk te beïnvloeden, waardoor het probleem onopgelost blijft en de klachten in stand blijven.

Dit onderzoeken gebeurt zowel tijdens als tussen de sessies door. Het gedachteschema is ook hierbij het hulpmiddel. Het is de bedoeling dat je dit zelf in de tijd tussen de therapiegesprekken invult.

Om te leren is het nodig om te *oefenen*. In het begin lukt dat makkelijker door de situaties op te schrijven (op het gedachteschema). Uiteindelijk is het doel dat je het anders denken vanzelf kunt toepassen (dus zonder pen en papier). Het gedachteschema is slechts een hulpmiddel, geen doel. In het begin oefen je dus veel met de formulieren. Naarmate dit beter lukt, kun je na verloop van tijd proberen steeds meer in gedachten te oefenen. Uiteindelijk gaat het automatisch, zoals ook de lastige gedachten ooit automatisch zijn geworden.

> Een vergelijking kan dit mogelijk verduidelijken. Toen je vroeger op school de tafel van twee moest leren, kreeg je van de onderwijzer(es) de opdracht dit telkens te oefenen door de tafel op te schrijven. Na verloop van tijd ging je dit steeds meer in gedachten oefenen, eerst door de tafel van twee herhaaldelijk hardop op te zeggen, later in gedachten. Op deze manier maakte je je de tafel van twee eigen en werd deze opgeslagen in het langetermijngeheugen. Wordt dit schema geactiveerd (zoals misschien op dit moment nu je over de tafel van twee leest), dan kan je de tafel van twee automatisch opzeggen. Dat willen we met cognitieve therapie ook bereiken; uiteindelijk kan je automatisch anders, positiever of evenwichtiger denken in situaties die nu nog leiden tot vervelende gevoelens of gedrag.

Als je anders hebt leren denken, zijn je klachten waarschijnlijk al een stuk verminderd. Uiteraard is alleen anders *denken* niet genoeg, je moet ook anders gaan *doen*. Als je anders over honden bent gaan denken, maar je vermijdt de confrontatie met honden nog altijd, dan weten we niet of de methode werkt. Het is dan zaak om jezelf te confronteren met honden, waarbij je best mag beginnen met kleine hondjes. Je merkt dan dat jouw nieuwe gedachte (bijvoorbeeld 'de kans dat honden bijten is heel klein') ook daadwerkelijk klopt. Alleen op die manier kun je je probleem definitief overwinnen. In de cognitieve therapie noemen we dit *gedragsexperimenten*, waarin je je gedachten in de praktijk onderzoekt. Deze experimenten bedenk je samen met je therapeut en/of groepsleden.

Je therapeut heeft in het therapieproces de rollen van *psycholoog*, *leraar* en *coach*. Vooral in het begin is hij/zij degene die naar je luistert en je helpt je problemen te verduidelijken en te analyseren (psycholoog). Vervolgens neemt hij/zij steeds meer de rol van leraar op zich, door uitleg te geven over het cognitieve model van je klachten en problemen, en over de werkwijze van cognitieve therapie. In de loop van de therapie wordt hij/zij steeds meer een coach die je helpt bij het blijven toepassen van de geleerde vaardigheden.
Ook groepsleden, familieleden en vrienden kunnen belangrijk voor je zijn in jouw zoektocht naar andere denkpatronen en vaardigheden. Langere tijd oefenen met de vaardigheden is belangrijk om het goed te leren en verkleint de kans op terugvallen in oude denkpatronen. Op den duur wordt je als het ware je eigen cognitief therapeut.

3.1.2 Disfunctionele denkgewoonten

Hier volgt een lijst met disfunctionele denkgewoonten, manieren van denken waardoor je je slecht gaat voelen.

- Dichotoom of zwart-wit denken. Denk je in alles of niets termen? Ben je geneigd situaties in uitersten te beoordelen? Gebruik je vaak woorden als 'altijd', 'iedereen', 'alles' of 'nooit'?. Iemand met sociale angstklachten kan bijvoorbeeld de gedachte hebben: iedereen ziet dat ik rood word; een depressieve cliënt kan de overtuiging hebben: ik deug nergens voor.
- Catastroferen of de toekomst rampzalig voorspellen. Ben je geneigd te denken dat toekomstige situaties absoluut zeker negatief zullen aflopen? Aan welke alternatieve afloop ga je voorbij in je gedachtegang? Een cliënt met een paniekstoornis heeft bijvoorbeeld de cognitie: als ik naar de bioscoop ga, krijg ik last van mijn hart, zal ik flauwvallen en kan ik nooit meer de zaal uitkomen. Iemand met sociale angst kan denken: op die verjaardag zal iedereen zien dat ik koffie mors door het trillen en dan zal iedereen me raar vinden.
- Emotioneel redeneren. Beschouw jij je gevoelens als een bewijs dat je gedachten waar zijn en negeer je objectieve feiten die het tegendeel van je gedachten onderstrepen? Een voorbeeld kan zijn dat je denkt dat iets gevaarlijk is omdat je je angstig voelt (een spin is gevaarlijk want ik ben bang). Of je denkt dat je niet de moeite waard bent omdat je je onzeker blijft voelen ondanks de dingen die je allemaal goed doet. Je gevoel geeft dan steeds de doorslag en niet de objectieve feiten.
- Labelen of stickers plakken. Vel je snel een globaal, negatief oordeel over jezelf zonder rekening te houden met bewijzen die tot een positiever oordeel zouden leiden? Sombere cliënten beschouwen zichzelf bijvoorbeeld meteen als loser of mislukkeling als iets niet lukt.
- Selectieve aandacht. Richt je je aandacht uitsluitend op negatieve details van een situatie of persoon, waardoor je de gehele situatie of persoon negatief beoordeelt? Een cliënt concludeert bijvoorbeeld na het te laat komen van de therapeut dat deze totaal onvoorspelbaar is.
- Gedachtelezen. Ben je geneigd de gedachten van anderen in te vullen? Een gapende gesprekspartner interpreteren als: zie je wel, hij vindt me saai, is hiervan een voorbeeld. Aan de mogelijkheid dat de ander moe is, te weinig gegeten heeft of onbeleefd is, wordt voorbijgegaan.
- Overgeneraliseren. Ben je gewend om op grond van één of enkele ervaringen overmatig negatieve conclusies te trekken? Een cliënt met faalangst kan na het behalen van een onvoldoende denken: ik kan niet leren, ik ben te dom voor deze school.
- Personaliseren of personificeren. Trek je je snel alles persoonlijk aan en geef je jezelf gauw de schuld van situaties, gevoelens of gedrag van anderen? Bijvoorbeeld: mijn chef was natuurlijk chagrijnig omdat ik die fout heb gemaakt.
- Moet-denken. Denk je vaak in termen van 'moeten'? Hanteer je voor jezelf en anderen exacte, vaststaande regels en eisen waarbij je het idee hebt dat het rampzalig is als er niet voldaan wordt aan deze eisen? Een cliënte met een eetstoornis hanteert bijvoorbeeld de gedachtegang: ik moet slank zijn, anders ben ik niet goed genoeg. Een cliënt met een dwangstoornis kan ervan overtuigd zijn dat hij de voordeur drie keer moet controleren en het slot daarbij aanraken, anders wordt er ingebroken en dat is dan zijn schuld.
- Kans overschatten. Ben je geneigd de kans op het optreden van een gevreesde gebeurtenis te overschatten? Een hondenfobicus denkt bij elke hond die hij ziet: die gaat me zeker bijten. Een hypochondrische cliënt heeft bijvoorbeeld de overtuiging dat de kans dat hoofdpijn betekent dat hij een hersentumor heeft, twintig procent is.

- Negatief denken. Leg je vaak neutrale of zelfs positieve gebeurtenissen negatief uit? Zo kan een cliënt denken: ze zullen me wel zielig vinden, wanneer hij mee uit wordt gevraagd. Een ander voorbeeld is de cliënt die na afronding van een opdracht denkt: het was puur geluk dat ik dat goed deed, het betekent niet dat ik het echt kan.
- Onderschatten van je eigen uithoudingsvermogen. Denk je vaak dat je niet in staat bent een situatie of gebeurtenis te kunnen verdragen of uithouden? Een cliënt met een obsessieve compulsieve stoornis denkt het niet te kunnen verdragen als hem gevraagd zou worden de voordeur nog maar één keer te controleren in plaats van drie keer (zoals hij altijd doet). Een subassertieve cliënte geeft aan er niet tegen te kunnen, als (ze denkt dat) anderen boos op haar zijn.
- Dubbele standaard hanteren of met twee maten meten. Hanteer je voor jezelf rigide, strenge regels die voor anderen niet gelden? De perfectionistisch ingestelde cliënt vindt zichzelf een mislukkeling als hij een fout maakt, terwijl hij over een collega die eenzelfde fout maakt zou denken: dat kan iedereen wel eens overkomen.
- Overschatten en onderschatten of maximaliseren en minimaliseren. Geef je veel betekenis aan onplezierige ervaringen of eigenschappen en (relatief) weinig betekenis aan plezierige gebeurtenissen of eigenschappen? Een voorbeeld hiervan is de onzekere cliënt die bij een gemiddelde beoordeling door zijn werkgever denkt: dat betekent dat ik niet geschikt ben voor mijn werk, en bij een goede beoordeling: mijn chef was zeker in een goede bui, dat hij het niet over mijn zwakke punten heeft gehad. Een ander voorbeeld is een angstige cliënte die piekert over het al dan niet krijgen van kinderen: ik ben altijd een piekeraar geweest en dat maakt me ongeschikt voor het moederschap, want moeders moeten stabiel en sterk zijn. Aan haar goede eigenschappen (zorgzaam, lief, gek op kinderen) kent ze weinig waarde toe: dat weegt niet op tegen mijn labiliteit.

3.2 In kaart brengen en uitwerken van problemen, klachten en schema's

3.2.1 Formulier gespreksvoorbereiding
Dit formulier kun je gebruiken voordat je een individueel gesprek ingaat. Het helpt je om de dingen die je wilt bespreken, te ordenen en zo te zorgen dat deze aan bod komen.

3.2.2 SMART doelen formuleren
SMART betekent: Specifiek, Meetbaar, Aanwijsbaar, Realistisch en Tijdgerelateerd. Het is belangrijk dat je haalbare doelen stelt en door ze SMART te formuleren, kun je dit bereiken.

3.2.3 Huiswerkformulier
Met dit formulier leg je het huiswerk waarin je aan je schema's werkt voor jezelf vast; je gebruikt dit formulier ook om huiswerkopdrachten te evalueren.

3.2.4 Formulier analyse probleemgedrag (2x)
Door de voor- en nadelen van je probleemgedrag te beschrijven, kun je meer zicht krijgen op je probleem en stappen zetten om dit gedrag te veranderen.

3.2.5 Signaleringsplan
Gebruik dit plan als een soort noodplan. Schadelijk gedrag is vaak het gevolg van oplopende spanning. Door dit plan te gebruiken, kun je in een vroeg stadium leren welke signalen wijzen op toenemende spanning en wat je daaraan kunt doen.

3.2.6 Schema-uitwerklijst
Stapsgewijs vul je hier in hoe je schema er uit ziet, hoe het ontstaan is en welke stappen tot verandering leiden. Door je schema's uit te werken, krijg je inzicht in de manier waarop deze schema's geactiveerd worden en met welke gevoelens, gedachten en gedrag een schema samenhangt.

3.2.7 Voor- en nadelenanalyse
Door een analyse van de voor- en nadelen van een schema te maken, weet je wat verandering gaat kosten en wat het je gaat opleveren. In therapie kan je dit verder uitwerken, door bijvoorbeeld een dialoog te starten tussen je 'schema-kant' en je gezonde volwassen kant.

3.2.8 Copingstrategieën
Dit formulier helpt je om het gedrag dat samenhangt met een schema te onderzoeken (de zogenaamde copingstrategieën). Ben je vooral geneigd te vermijden, je over te geven of je schema te compenseren?

3.2.9 Kosten/batentechniek
Wat levert jouw antwoord op je automatische gedachte of overtuigingen vanuit het schema je op en wat kost het je? Een formulier om de voor- en nadelen in kaart te brengen.

3.2.10 Formulier stappenplan/werkpunten
Op dit formulier kun je doelen – die je SMART hebt geformuleerd – per therapieweek en voor de weekeinden invullen en deze later evalueren.

3.2.11 Activiteitendagboek
Hiermee breng je de activiteiten gedurende drie dagen in kaart. Wat doe je op een dag en hoe is dat voor je? Schommelt je stemming over de dag heen en hangt dit samen met je activiteiten?

3.2.12 Klachtenregistratie per dag
Je kunt op dit formulier per uur bijhouden hoe hoog je spanning is of in welke mate je last hebt van een bepaalde klacht.

3.2.13 Registratie van spanning gedurende twee weken
Op dit formulier registreer je, gedurende twee weken, zes keer op een dag je spanning of angst.

3.2.1 Formulier gespreksvoorbereiding

Datum:

- Wat was voor jou in ons laatste gesprek belangrijk?
  (leg in 1 tot 3 zinnen uit)

- Was er iets dat je toen bezig hield en dat je niet naar voren hebt gebracht?

- Hoe was de afgelopen periode voor jou? Hoe voelde je je vergeleken met de periode daarvoor?
  (leg in 1 tot 3 zinnen uit)

- Welke zaken wil je op de agenda plaatsen?

- Welk huiswerk deed je? Wat was het effect hiervan? Welk huiswerk deed je niet?

3.2.2 SMART doelen formuleren

Alice vraagt: welke kant moet ik op?
Hij antwoordt: wat is je doel?
Alice: Ik heb geen doel, zeg me gewoon maar welke kant ik op moet.
Hij: Nou dan maakt het ook niet uit welke kant je opgaat.

WAAROM DOELEN STELLEN?

Mensen hebben doelen, net zoals groepen en organisaties dat kunnen hebben. Doelen sturen je gedrag. Als je geen doelen hebt, maakt het niet zoveel uit wat je doet. Stel je gaat een dagje auto rijden. Als je geen doel hebt, maakt het niet uit of je links- of rechtsaf gaat, de snelweg neemt of een zandweg. Als je een dagje recreatief wilt toeren, heb je een doel. Je weet dan dat je beter het groene landweggetje kunt nemen dan de snelweg met grote kans op file. Wil je naar Pinkpop, dan weet je dat je beter de trein kunt nemen dan de auto. Kortom: doelen zijn handig omdat ze je helpen bij het nemen van beslissingen. Dat geldt niet alleen voor jou als individu, maar ook voor groepen en organisaties. Als tijdens een groepsoverleg blijkt dat men het niet met elkaar eens is, kan het verwijzen naar een gemeenschappelijk doel soms de doorslag geven. Maar hoe stel je haalbare doelen?

SMART-DOELEN

Vaak wordt het stellen van doelen verward met het hebben van goede voornemens. Denk maar aan de mensen die zich op 1 januari voornemen om te stoppen met roken. Is 'stoppen met roken' een voornemen of een doel? Het is een goed voornemen, want als het je lukt, leef je gezonder en voor medemensen kan het aangenamer zijn. Als doel is 'stoppen met roken' wat vaag. Want wanneer stop je met roken? Is dat nu meteen of over twee weken? Wat bedoelt iemand precies met 'stoppen' – wil dat zeggen één sigaret per dag of alleen maar een paar sigaretten op feestjes of geen enkele sigaret meer? Goede doelen stellen, betekent SMART-doelen stellen.

Een SMART-doel is:
- Specifiek
- Meetbaar
- Aanwijsbaar
- Realistisch
- Tijdgerelateerd
- *Specifiek* wil zeggen dat het doel niet vaag is, maar tamelijk concreet. Voorbeeld: als een cliënt zegt 'ik ga deze week beter zorgen voor mezelf', dan is dat niet specifiek. Wel specifiek is als hij zegt: 'Ik ga deze week niet later dan 22.30 uur naar bed en zorg voor een lekkere en gezonde avondmaaltijd.'
- *Meetbaar* wil zeggen dat het specifieke doel omgezet wordt in handelingen die meetbaar zijn. Voorbeeld: je kunt registeren hoe laat iemand naar bed is gegaan en wat iemand 's avonds heeft gegeten.
- *Aanwijsbaar* wil zeggen dat duidelijk is wie wat moet doen om het doel te bereiken. Dit is vooral belangrijk bij groepsdoelen. Voorbeeld: stel het doel is dat mensen zich in de groep veiliger gaan voelen om over moeilijke onderwerpen te praten. Hiervoor is het nodig dat groepsleden elkaar laten uitpraten, niet veroordelen en zich kwetsbaar opstellen door over een onderwerp wat ze zelf moeilijk vinden, te vertellen.
- *Realistisch* verwijst naar de haalbaarheid van doelen. Soms zijn doelen zo hoog gegrepen dat het bijna niet mogelijk is om ze te halen. Het niet-halen van doelen werkt demotiverend. Doelen die juist te laag gesteld zijn, worden makkelijk ge-

haald, maar dat levert dan niet veel bevrediging op. Het meest motiverend is om doelen te stellen die net boven het niveau van jezelf of de groep liggen. Je moet dan iets extra's doen om ze te halen en als het lukt, kun je met reden trots zijn. Dat geeft weer energie voor het volgende haalbare doel. Om te weten wat haalbare doelen zijn moet je jezelf (of de groep) goed kennen. Een terugblik op het verleden of gegevens verzamelen over het verleden kan hierbij helpen. Voorbeeld: een cliënt met meerdere ervaringen met geweld in relaties waarover hij nog niet eerder heeft durven vertellen, stelt zichzelf een realistisch doel als hij besluit over één relatie te vertellen (en niet gelijk over al zijn nare ervaringen).
- Tijdgerelateerd geeft aan dat er een duidelijke begin- en eindtijd gesteld wordt. Wanneer begin je met het verrichten van activiteiten om je doel te bereiken en wanneer kun je zeggen dat je het doel bereikt hebt? Voorbeeld: wanneer en in welk therapieonderdeel begint de eerdergenoemde cliënt met iets meer te vertellen over zijn nare ervaringen? Wanneer kun je zeggen dat deze cliënt zijn doel heeft bereikt – als hij gedeeld heeft over één ervaring of pas wanneer hij alles wat er in het verleden gebeurd is, heeft verteld?

THEORIE IN PRAKTIJK

Ga bij jezelf na wat je wensen zijn, dingen die je wilt bereiken. Als je die niet direct weet, kun je ook denken aan knelpunten die je graag zou willen oplossen. Probeer de wensen (of knelpunten) om te zetten in doelen. Maak deze doelen op de volgende manier SMART:
- Maak het doel specifiek.
- Ga na hoe je het beste kunt meten in hoeverre je het doel bereikt.
- Geef aan wat jij moet doen om dat doel te bereiken en wat anderen zouden moeten doen om je daarbij te helpen.
- Ga na of je doel op deze manier haalbaar is. Is dat niet het geval, stel je doel dan bij.
- Geef aan wanneer je precies gaat beginnen en bepaal de tijd waarbinnen het doel bereikt moet zijn.

Voer de activiteiten uit om je SMART-doel te bereiken. Ga na afloop na in hoeverre je doel is bereikt en welke factoren daarbij een rol hebben gespeeld. Welke conclusies trek jij uit je ervaringen met deze oefening?

3.2.3 Huiswerkformulier

Datum:

1. Vorig huiswerk:

2. Wat heb je er mee gedaan en in welke situaties?

3. Welke schema's kwam je er in tegen?

4. Noem van elk schema welke stappen van het schema je hebt gevolgd:

5. Wat is er goed gegaan?

6. Wat ging er minder goed?

7. Waar vind jij dat het volgende huiswerk over moet gaan?

8. Over welk(e) schema('s) of welke stap(pen) van een schema gaat dat?

9. Wat ga je, van je volgende huiswerk, in welke situaties inbrengen?

10. Wat heb je daarbij nodig?

11. Volgend huiswerk:

3.2.4 Formulier analyse probleemgedrag

Datum:

Probleemgedrag
(concreet, bijv.: eetbui hebben, maaltijden overslaan, te grote of te ongezonde tussendoortjes eten, te weinig bewegen)

Situatie/Triggers?
(wanneer, met wie, n.a.v. wat, onder welke omstandigheden)

Voordelen (wat levert het me op/wat bereik ik ermee)	Nadelen (wat kost het me, negatieve gevolgen)

Verbeterplannen op de achterkant van dit vel.
Registreer eerst en bepaal dan wat je einddoel en (haalbare) weekdoel wordt.
Bedenk per week concrete acties waarmee je ervoor zorgt dat dit doel bereikt wordt.
Bedenk hoe je jezelf telkens tijdig herinnert aan het uitvoeren van je acties. Denk aan veranderen van de situatie, aan externe controle.
En bedenk consequenties (beloning, teveel/ te weinig principe, straf) die je toepast afhankelijk van het halen van doelen.

3.2.4 (vervolg) Registratie

Beginsituatie: _____

EINDDOEL: _____

WEEK _____ DOEL _____

ACTIES _____

_____

_____

WEEK _____ DOEL _____

ACTIES _____

_____

_____

WEEK _____ DOEL _____

ACTIES _____

_____

_____

WEEK _____ DOEL _____

ACTIES _____

_____

_____

WEEK _____ DOEL _____

ACTIES _____

_____

_____

3.2.5 Signaleringsplan

Fase	Signalen zoals ik die ervaar	Signalen zoals anderen die ervaren	Mijn acties	Acties van anderen
Fase 0				
Fase 1				
Fase 2				
Fase 3				

Belangrijke anderen:
- ouders;
- partner;
- vrienden;
- kennissen;
- buren;
- groepsleden;
- hulpverlener.

3.2.6 Schema-uitwerklijst

Datum:

1. Naam van het schema:

2. Hoe ziet het schema er bij jou uit:

    a. Wat is je 'overtuiging' (wat zijn je gedachten) met betrekking tot dit schema?

    b. Welke herinneringen houden verband met dit schema?

    c. Welke gevoelens/lichaamsgewaarwordingen zijn met het schema verbonden?

3. Hoe is het schema ontstaan? Aan welke basisbehoeften is mogelijk niet voldaan?

4. Hoe houd je het schema in stand (copingmechanismen)?

5. Wat zijn de nadelen van het schema?

6. Wat zijn de voordelen van het schema?

7. Waarom wil je het doorbreken?

8. Hoe kun je het doorbreken?

3.2.7 Voor- en nadelenanalyse

Datum:

Naam van het schema:

- Voordelen van het schema

- Nadelen van het schema

- Welke voordelen biedt veranderen van het schema?

- Welke nadelen biedt het veranderen van het schema?

3.2.8 Copingstrategieën; hoe ga ik met mijn schema's om?

Datum:

Noem bij elk schema de overgave, de vermijding of de overcompensatie.

Schema	Overgave (gedrag waarmee je je overlevert aan het schema)	Vermijding (gedrag waarmee je het schema vermijdt)	Overcompensatie (gedrag waarmee je het schema overschreeuwt')
1.			
2.			
3.			
4.			
5.			

3.2.9 Kosten baten techniek

Automatische gedachte of assumptie

Voordelen	Nadelen

3.2.10 Formulier stappenplan/ werkpunten

Datum:

Mijn therapiedoelen voor deze periode (overnemen uit behandelplan) zijn:

De stappen die ik in het afgelopen weekend zou zetten, evalueerde ik na dat weekend als volgt:

Voor het komend weekend betekent dit dat ik de volgende stappen ga zetten:

De stappen die ik de afgelopen therapieweek zou zetten, evalueer ik als volgt:

Voor de volgende therapieweek betekent dit dat ik de volgende stappen ga zetten:

3.2.11 Activiteiten dagboek

Datum	Dagdeel	Activiteit	P*	B*	Stemming**
	Ochtend				
	Middag				
	Avond				
	Ochtend				
	Middag				
	Avond				
	Ochtend				
	Middag				
	Avond				

* P = plezierig, B = bekwaam; noteer achter de activiteit hoe plezierig die was
(0 – 10 p – score, 0 = helemaal niet plezierig, 10 = heel erg plezierig), en hoe goed je in staat was de activiteit uit te voeren (0 – 10 b – score, 0 = helemaal niet bekwaam, 10 = uiterst bekwaam).

** noteer per dagdeel je stemming: (0 – 10 stemmingsscore, 0 = heel erg depressief,
10 = helemaal niet depressief).

3.2.12 Klachtenregistratie per dag

Hoe hoog is je spanning (1 – 10)?

Datum / Tijdstip						
Ochtend						
05.00 – 06.00						
06.00 – 07.00						
07.00 – 08.00						
08.00 – 09.00						
09.00 – 10.00						
10.00 – 11.00						
11.00 – 12.00						
Middag						
12.00 – 13.00						
13.00 – 14.00						
14.00 – 15.00						
15.00 – 16.00						
16.00 – 17.00						
17.00 – 18.00						
Avond						
18.00 – 19.00						
19.00 – 20.00						
20.00 – 21.00						
21.00 – 22.00						
22.00 – 23.00						
23.00 – 24.00						
24.00 – 01.00						
Nacht						
01.00 – 02.00						
02.00 – 03.00						
03.00 – 04.00						
04.00 – 05.00						

3.2.13 Registratie van spanning gedurende twee weken

Toelichting: Geef 6x per dag (om 9 uur, 12 uur, 15 uur, 18 uur, 21 uur en wanneer je gaat slapen) aan in welke mate je last hebt gehad van angst en/of gespannenheid. Gebruik daarvoor een getal tussen de 0 en 10, waarbij 0=maximale rust en ontspanning en 10= maximale angst, paniek of gespannenheid. Wanneer je vergeten bent een periode in te vullen, laat deze dan open.

Dag	Datum	Tot 9 uur 0-10	9-12 uur 0-10	12-15 uur 0-10	15-18 uur 0-10	18-21 uur 0-10	21-slapen 0-10
Maandag							
Dinsdag							
Woensdag							
Donderdag							
Vrijdag							
Zaterdag							
Zondag							
Maandag							
Dinsdag							
Woensdag							
Donderdag							
Vrijdag							
Zaterdag							
Zondag							

3.3 Opsporen en uitdagen van gedachten en overtuigingen

3.3.1 G-schema
Door geregeld een G-schema in te vullen, leer je een goed verschil te maken tussen de gebeurtenis op zichzelf en je gedachten en gevoelens naar aanleiding van deze gebeurtenis. Door vooral in het begin van je behandeling jezelf te trainen in het invullen van dit G-schema, kun je later gemakkelijker de schema- en modidagboeken invullen.

3.3.2 Dagboek voor het bijhouden van gedachten
Het is belangrijk om goed zicht te krijgen op je automatische gedachten. Dit zal je helpen om onderliggende basisovertuigingen op te sporen. Deze basisovertuigingen zitten door je manier van denken verweven en zijn daarmee ook moeilijker te veranderen. Door het bijhouden van gedachten, wordt je meer bewust van deze overtuigingen en kan je er beter tegen in verweer komen.

3.3.3 Schemadagboekkaart
Als je een gebeurtenis meemaakt die negatieve gevoelens oplevert, is het goed om een schemadagboekkaart in te vullen. Je leert hierin verschil maken tussen de gebeurtenis, je gedachten daarover, je gevoelens en je gedrag. Daarna onderzoek je in hoeverre dit reactiepatroon samenhangt met je schema's en of je deze gebeurtenis ook anders kan zien en er anders mee zou kunnen omgaan.

3.3.4 Bijlage bij schemadagboek
In deze bijlage staan vragen die je helpen je gedachten uit te dagen.

3.3.5 Modidagboekkaart
Je doet hier hetzelfde als bij het schemadagboek, maar nu ga je op zoek naar modi en zoek je uit hoe je een meer gebalanceerde analyse kunt maken van de situatie.

3.3.6 Informatie verzamelen; historische toets en actuele toets
Met behulp van dit formulier ga je de feiten die je kent op een rijtje zetten. Dit kan je helpen om te onderzoeken of je gedachten overeenstemmen en kloppen met de feiten. Bij de historische toets onderzoek je het verleden; bij de actuele toets verzamel je recente feiten.

3.3.7 Automatische gedachten opsporen
Wat gebeurde er waardoor jouw negatieve schema in werking ging? Wat is jouw gedachte daarbij? Wat gebeurt er als dat waar is, en wat gebeurt er als dat weer waar is? Ga door tot je aankomt bij het ergste van het ergste wat er kan gebeuren. Als je daar bent, kun je terugkijken naar wat er reëel is en hoe je dat zou kunnen oplossen.

3.3.1 G-schema

Datum en Tijdstip:

Gebeurtenis
Waar ben ik? Met wie? Wat doe ik? Wat gebeurt er? (cameracontrole: wat zie en hoor ik?)

Gedachten:

Gevoel:

Gedrag:

3.3.2 Dagboek voor het bijhouden van gedachten

Datum en Tijdstip:

Situatie
Waar ben ik? Met wie? Wat doe ik? Wat gebeurt er? (cameracontrole: wat zie en hoor ik?)

Symptomen:
- o Pijn op de borst
- o Hartkloppingen of snelle hartslag
- o Kortademigheid
- o Duizeligheid
- o Benauwdheid
- o Misselijkheid
- o Gevoel van onwerkelijkheid
- o Tintelingen of verdoofd gevoel
- o Vlagen van warmte of kou
- o Beven of trillen
- o Transpireren
- o Blozen
- o ....
- o ....

Gevoel:..Sterkte van het gevoel (0-100)

(Emoties: Bang, Blij, Boos, Bedroefd)

Automatische gedachten en beelden:...Geloofwaardigheid (0-100)
Welke gedachten of beelden gingen er aan het gevoel vooraf?

Gedrag:
Wat deed je, toen je dit voelde?
Bijv; hulp vragen, wegvluchten, afleiding zoeken.

Uitdaging:
Stel kritische vragen over de automatische gedachten.
Wat is het antwoord op deze vragen?

Rationele gedachte:..Geloofwaardigheid (0-100)
Zet een rationele gedachte tegenover de automatische gedachte.

Resultaat:
Geloofwaardigheid van automatische gedachten(0-100)
Effect op het gevoel (0-100)

Nieuw gedrag:
Hoe had je de situatie beter kunnen aanpakken
als je uitgaat van de rationele gedachte?

3.3.3 Schema dagboek

Datum:

1. Gebeurtenis (wat zette mijn reactie in gang?).

2. Gedachten (wat dacht ik?).

3. Gevoel (wat voelde ik?).

4. Gedrag (wat deed ik?).

5. Schema's of valkuilen (waar werd ik gevoelig geraakt? Met welke vroege ervaringen kan dat te maken hebben?).

6. Kernovertuiging (welke gedachte is het sterkst en past bij bovengenoemd schema?)

7. Uitdagen van de kernovertuiging.
   Welke bewijzen zijn er voor en tegen mijn kernovertuiging? Maak ik een denkfout (vraag anderen naar een objectieve mening als dat mogelijk is)?

   Realistische kanten aan de zaak (in welk opzicht waren mijn reacties gerechtvaardigd?).

   Wat deed de ander om de situatie te verslechteren/ Wat was de invloed van de omgeving?

8. Te sterke reacties (in welk opzicht overdreef ik of mis interpreteerde ik? Wat deed ik om de situatie te verslechteren?).

9. Formuleer een rationele gedachte/gezonde kijk.

10. Gezond gedrag (hoe kan ik in de toekomst beter met een dergelijke situatie omgaan, of kan ik het probleem oplossen?).

3.3.4 Bijlage bij schemadagboek

Vragen die kunnen helpen om bewijzen te vinden die in strijd zijn met de belangrijkste negatieve gedachte:
- Heb ik ervaringen gehad die laten zien dat deze gedachte niet altijd volledig waar is?
- Als mijn beste vriend(in), familielid, collega of kennis deze gedachte zou hebben, wat zou ik dan tegen hem/haar zeggen?
- Als mijn beste vriend(in), familielid, collega of kennis zou weten dat ik deze gedachte heb, wat zou hij/zij dan tegen mij zeggen? Welke bewijzen zouden zij aandragen die aantonen dat mijn gedachten niet volledig waar zijn?
- Hoe denk ik anders over deze en dergelijke situaties wanneer ik me niet voel zoals nu?
- Welke gedachten hebben mij in het verleden geholpen me beter te voelen wanneer ik me zo slecht voelde als nu?
- Ben ik al eens eerder in een vergelijkbare situaties geweest en wat gebeurde er toen? Hoe liep het af? Zijn er verschillen tussen de situatie van nu en de situaties van toen? Wat heb ik van vroegere situaties geleerd dat me nu zou kunnen helpen?
- Welke kleine dingen die strijdig zijn met mijn negatieve gedachten doe ik af als niet belangrijk?
- Hoe zal ik over vijf jaar terugkijken op deze situatie? Welke conclusies zal ik dan trekken?
- Welke positieve of sterke kanten aan mijzelf of aan de situatie zie ik over het hoofd?
- Trek ik conclusies die niet volledig worden ondersteund door de bewijzen?
- Geef ik mezelf de schuld van iets waarover ik geen volledige controle heb?
- Welke denkfouten maak ik in deze situatie?
- Wat is het effect van mijn manier van denken?
- Onderschat ik mijn eigen mogelijkheden om iets aan de situatie te doen?

Vragen die kunnen helpen om te komen tot realistische, evenwichtige gedachten:
- Hoe kan ik, op basis van de bewijzen vóór en tegen de belangrijkste negatieve gedachte, op een andere manier tegen deze situatie aankijken?
- Noteer in één zin een samenvatting van alle bewijzen die de belangrijkste negatieve gedachte ondersteunen. Doe hetzelfde voor alle bewijzen die daarmee in strijd zijn. Verbind deze twee zinnen door het woord 'maar' ertussen te zetten. Ga na of deze nieuwe zin leidt tot een afgewogen, realistische gedachte waarin rekening wordt gehouden met alle door jezelf verzamelde informatie.
- Wanneer iemand die ik graag mag zich in deze situatie zou bevinden (en dezelfde negatieve gedachte zou hebben en zou beschikken over alle informatie), welk advies zou ik hem/haar geven? Hoe zou ik hem/haar aanraden tegen de situatie aan te kijken?
- Wat is het ergste dat er zou kunnen gebeuren wanneer mijn belangrijkste, negatieve gedachte waar blijkt te zijn? Wat is de best denkbare uitkomst wanneer die gedachte waar is? Wat is de meest waarschijnlijke uitkomst wanneer de gedachte waar is?
- Hoe zou iemand waarvoor ik veel respect heb tegen deze situatie aankijken?

3.3.5 Modi dagboek

Datum:

1. Gebeurtenis (wat zette mijn reactie in gang?).

2. Gedachten (wat dacht ik?).

3. Gevoel (wat voelde ik?).

4. Gedrag (wat deed ik?).

5. Modi. Welke verschillende kanten van mijzelf speelden hier? Met welke vroege jeugdervaringen kan dat te maken hebben?
   Bijvoorbeeld: Afstandelijke beschermer, Verlaten/ verdrietige kind, Boze/ impulsieve kind, Bestraffende ouder

6. Kernovertuiging (welke gedachte is het sterkst en past bij bovengenoemde modus?)

7. Uitdagen van de kernovertuiging.
   Welke bewijzen zijn er voor en tegen mijn kernovertuiging? Maak ik een denkfout (vraag anderen naar een objectieve mening als dat mogelijk is)?

   Realistische kanten aan de zaak (in welk opzicht waren mijn reacties gerechtvaardigd?).

   Wat deed de ander om de situatie te verslechteren/ Wat was de invloed van de omgeving?

8. Te sterke reacties (in welk opzicht overdreef ik of mis interpreteerde ik? Wat deed ik om de situatie te verslechteren?).

9. Formuleer een rationele gedachte/gezonde kijk.

10. Gezond gedrag (hoe kan ik in de toekomst beter met een dergelijke situatie omgaan, of kan ik het probleem oplossen?).

3.3.6 Informatie verzamelen; historische toets en actuele toets

Datum: _____ Schema: _____

Kernovertuiging behorend bij schema:

Geloofwaardigheid van de overtuiging (0-100):

Historische toets:
Welke vroegere ervaringen of gebeurtenissen vormen een bewijs voor je overtuiging?
1.
2.
3.
4.
5.

Welke vroegere ervaringen of gebeurtenissen spreken je overtuiging tegen?
1.
2.
3.
4.
5.

Actuele toets:
Welke recente ervaringen of gebeurtenissen vormen een bewijs voor je overtuiging?
1.
2.
3.
4.
5.

Welke recente ervaringen of gebeurtenissen spreken je overtuiging tegen?
1.
2.
3.
4.
5.

Analyse
Hoe groot is dan nu de geloofwaardigheid van je overtuiging (0-100)?

Heb je op basis van bovenstaande een alternatief voor je (oude) overtuiging?
Alternatieve overtuiging:

Hoe geloofwaardig is die (0-100)?

3.3.7 Automatische gedachten opsporen

Datum:

Het ergste van het ergste

Automatische gedachten onderzoeken op wat het ergste is wat er kan gebeuren. Vraag steeds aan jezelf: 'En als dat zo is, dan …'

Gebeurtenis……………………………………………

Gedachte……………………………………………..

En dan……………………………………………..

En dan……………………………………………..

En dan……………………………………………

En dan……………………………………………..

En dan……………………………………………..

3.3.8 Vragen om overtuigingen en gedachten uit te dagen

Datum:

Overtuiging:

Geloofwaardigheid van deze overtuiging (0-100):

Bewijzen voor:
– Hoe weet je dit?
– Welke bewijzen/aanwijzingen heb je hiervoor?
– Hoe denk je dat dit zal gebeuren?
– Welke redenen heb je om dit te geloven?

Bewijzen tegen:
– Is het in het verleden wel eens gebeurd?
– Hoeveel keren is het gebeurd en hoeveel keren niet?
– Welke bewijzen heb je dat deze gedachten mogelijk niet zouden kloppen?
– Hoe zou iemand anders tegen deze situatie aankijken?
– Hoe kan het zo zijn dat het de andere keren goed ging?
– Zijn er alternatieve interpretaties die mogelijk meer realistisch zijn?
– Is de manier waarop jij er tegenaan kijkt de enige mogelijke manier?
– Kun je ook op een andere manier naar het gebeuren kijken?
– Hoe zouden anderen hiernaar kijken?
– Hoe keek jij hiernaar voordat je last kreeg van je klachten?
– Hoe zou jij reageren als iemand je dit vertelde?

Stel dat dit inderdaad gebeurd,
– Wat betekent dit dan voor je?
– Wat is er dan zo erg aan?
– Hoe denk je er dan mee om te gaan?
– Hoe ben je ermee omgegaan in het verleden?

Geloofwaardigheid van de overtuiging (0-100):

3.4 Veranderen van gedachten en experimenteren met nieuw gedrag

3.4.1 Geheugenkaart voor modi
Als een schema of modus actief is, is het soms moeilijk om jezelf rustig te krijgen en je voornemen om het anders te doen door te zetten. Een geheugenkaart kan je dan helpen. Dit is een kaart waarop je tevoren je valkuil hebt omschreven plus de ladder om eruit te komen.

3.4.2 Geheugenkaart voor schema's
Dit is bijna hetzelfde formulier als hierboven, maar nu kijk je naar welke schema's door een gebeurtenis zijn uitgelokt.

3.4.3 Veranderen van overtuigingen
Je kunt experimenteren met ander gedrag om overtuigingen van jezelf te veranderen. Op dit formulier beschrijf je deze experimenten. Het volgende formulier kun je gebruiken om je experiment preciezer te formuleren en te koppelen aan een specifieke overtuiging.

3.4.4 Experimentformulier
Formuleer je overtuiging en zet er een andere – meer realistische – gedachte tegenover. Ga vervolgens een goed omschreven experiment aan om de overtuigingen te toetsen met ervaringen. Vervolgens beschrijf je wat de geloofwaardigheid is van je oude overtuiging en je nieuwe gedachte, vóór en na het experiment.

3.4.5 Experimentkaartjes, oplopend in moeilijkheid
Dit formulier kun je gebruiken als je een reeks experimenten uit wilt voeren. Neem acht activiteiten, oplopend in moeilijkheid, en geef ze een cijfer van 0 tot 100. Bespreek dit in de groep en spreek een tijdsbestek af waarbinnen je al deze kaartjes gaat afwerken en uitproberen. Je kunt ook punten geven aan een bepaald experiment en dan kan je afspreken hoeveel punten je per dag gaat halen.

3.4.6 Exposure-oefening
Je kunt angstige dingen stap voor stap aanpakken of direct iets doen wat de angst sterk oproept. In beide gevallen kun je dit formulier gebruiken om van te voren aan te geven hoeveel spanning je verwacht en dit te vergelijken met de afloop.

3.4.7 Weekplan
Gebruik dit formulier om je week te plannen. Eventueel kun je erop aangeven of je wel of niet bent afgeweken van je planning. Een weekplan maken helpt je om structuur aan te brengen.

3.4.8 Positief dagboek: gebeurtenissen die mijn overtuiging tegenspreken
Overtuigingen tegenspreken is 'trainen'. Het is belangrijk positieve en corrigerende ervaringen te verzamelen en te registreren zodat je bewijs verzamelt om je overtuigingen te veranderen. Op dit formulier kun je bijhouden wat je in een week aan goede ervaringen hebt meegemaakt.

3.4.9 Lijst met leuke dingen (uit M.M. Linehan, 1996)
Hier vind je een lijst met leuke dingen die je zou kunnen doen. Doe er inspiratie mee op!

3.4.1 Geheugenkaart voor modi

Datum: _____ Schema: _____

1. Herkennen van eigen gevoel:
Op dit moment voel ik ....

....(emoties).

Omdat ....

....(uitlokkende situaties).

2. Vaststellen van modus:
Ik weet echter dat dit waarschijnlijk mijn...modus is,

Die ik leerde door ....

....(oorsprong).

Deze modus zorgt ervoor dat ik overdrijf dat ....

....(gevreesde effecten).

3. Vaststellen van de realiteit:
Hoewel ik geloof dat ....

....(negatieve gedachten),

is de realiteit dat ....

....(alternatieve verklaring).

Het bewijs voor deze gezonde gedachte blijkt uit..

....

4. Gedragsinstructie:
Ook al voel ik de neiging om ....

....(negatief gedrag).

Ik kan in plaats daarvan ook ....

....(alternatief gedrag).

3.4.2 Geheugenkaart voor schema's

Datum: ....

1. Herkennen van eigen gevoel:
Op dit moment voel ik ....

....(emoties).

Omdat ....

....(uitlokkende situaties).

2. Vaststellen van schema's:
Ik weet echter dat dit waarschijnlijk mijn schema('s)..................................is/zijn.

Dat leerde ik door ....

....(oorsprong).

Dit schema ('s) brengt me er toe de mate van ....

....te overdrijven.

3. Vaststellen van de realiteit:
Hoewel ik geloof dat ....

....(negatieve gedachten),

is de realiteit dat ....

....(alternatieve verklring).

Het bewijs voor deze gezonde gedachte blijkt uit..

....

4. Gedragsinstructies:
Ook al voel ik de neiging om ....

....(negatief gedrag).

Ik kan in plaats daarvan ook ....

....(alternatief gedrag).

3.4.3 Veranderen van overtuigingen

Datum:

Mijn belangrijkste assumpties zijn:

1. ....

2. ....

3. ....

Wat ga ik doen om mijn overtuigingen te veranderen:
Beschrijf concreet het experiment waarmee je je overtuiging kan bestrijden/ veranderen.

....

....

....

Experiment binnen de groep :

....

....

....

Experiment buiten de groep:

....

....

....

Hoeveel keer per dag?.............

Hoeveel keer per week?...............

Van..................tot....................

3.4.4 Experiment formulier

Datum:

Invullen voorafgaand aan het experiment:

1 Beschrijf automatische gedachten voor het experiment:
....
....

2 Geef een omschrijving van het experiment:
....
....
....
....

3 Geloofwaardigheid automatische gedachten voor het experiment:

0   10   20   30   40   50   60   70   80   90   100

4 Beschrijving alternatieve gedachten voor het experiment:
....
....

5 Geloofwaardigheid alternatieve gedachten voor het experiment:

0   10   20   30   40   50   60   70   80   90   100

Invullen na afloop van het experiment:

6 Hoe is het experiment gegaan?
....
....
....
....

7 Geloofwaardigheid automatische gedachten na het experiment:

0   10   20   30   40   50   60   70   80   90   100

8 Geloofwaardigheid alternatieve gedachten na het experiment:

0   10   20   30   40   50   60   70   80   90   100

3.4.5 Experiment kaartjes oplopend in moeilijkheid

Datum:

Schema:

Overtuiging:

10 Beschrijving:	20 Beschrijving:	30 Beschrijving:	40 Beschrijving:	50 Beschrijving:
60 Beschrijving:	70 Beschrijving:	80 Beschrijving:	90 Beschrijving:	100 Beschrijving:

3.4.6 Exposure oefening

Datum:

Beschrijving van de oefening (concreet):

	mate van spanning										
Verwachte spanning:	00	10	20	30	40	50	60	70	80	90	100
	| geen				| gemiddeld				| maximaal		|

Uitgevoerd/datum:

	mate van spanning										
Werkelijke spanning:	00	10	20	30	40	50	60	70	80	90	100
	| geen				| gemiddeld				| maximaal		|

Bijzonderheden:

Herhalingen

Datum	Verwachte spanning	Werkelijke spanning	Bijzonderheden

3.4.7 Weekplan

Datum / Tijd	Maandag	Dinsdag	Woensdag	Donderdag	Vrijdag	Zaterdag	Zondag
8:00							
9:00							
10:00							
11:00							
12:00							
13:00							
14:00							
15:00							
16:00							
17:00							
18:00							
19:00							
20:00							
21:00							
22:00							

3.4.8 Positief dagboek

Begin datum:

Gebeurtenissen die mijn overtuiging tegenspreken.

Overtuiging:
....

Maandag	Bewijs tegen: (Bijvoorbeeld bij de overtuiging 'Niemand geeft om me': Toen ik huilde sloeg mijn vriendin een arm om me heen). 1 2 3
Dinsdag	Bewijs tegen: 1 2 3
Woensdag	Bewijs tegen: 1 2 3
Donderdag	Bewijs tegen: 1 2 3
Vrijdag	Bewijs tegen: 1 2 3
Zaterdag	Bewijs tegen: 1 2 3

3.4.9 Lijst met leuke dingen (uit M.M. Linehan, 1996)

1. Een bad nemen
2. Schulden inlossen, of niet meer op krediet kopen
3. Voorwerpen verzamelen (munten, schelpen, bijzondere stenen)
4. Met vakantie gaan
5. Denken hoe het zal zijn als ik mijn school af heb
6. Oude dingen opnieuw bruikbaar maken
7. Uitgaan met iemand
8. Ontspannen
9. Midden in de week naar de film gaan
10. Joggen, wandelen
11. Bedenken dat ik een hele dag hard gewerkt heb
12. Naar muziek luisteren
13. Herinneringen ophalen aan feestjes
14. Hebbedingetjes kopen
15. In de zon liggen
16. Plannen maken voor een verandering van loopbaan
17. Lachen
18. Denken aan reizen die ik gemaakt heb
19. Naar anderen luisteren
20. Tijdschriften of kranten lezen
21. Een avond doorbrengen met goede vrienden
22. Plannen maken voor de dag
23. Nieuwe mensen ontmoeten
24. Terugdenken aan mooie landschappen
25. Geld sparen
26. Van het werk naar huis gaan
27. Iets lekkers eten of voor mezelf klaarmaken
28. Karate, judo of yoga beoefenen
29. Dingen in huis repareren
30. Aan mijn auto (of fiets) sleutelen
31. Terugdenken aan de aardige dingen die mensen tegen me gezegd of voor me gedaan hebben
32. Kleren dragen waarin ik me mooi voel
33. Rustige avonden hebben
34. De planten verzorgen
35. Gaan zwemmen
36. Figuurtjes tekenen
37. Lichamelijke oefeningen doen
38. Oude dingen verzamelen
39. Naar een feestje gaan
40. Denken over het kopen van dingen
41. Golf spelen
42. Voetballen
43. Vliegeren
44. Discussiëren met vrienden
45. Familiebijeenkomsten organiseren
46. Op een motor rijden
47. Vrijen
48. Gaan kamperen
49. Zingend door het huis lopen

50 Bloemen schikken
51 Naar het strand gaan
52 Denken dat ik er mag zijn
53 Een dag plannen waarop ik niks hoef te doen
54 Naar een schoolreünie gaan
55 Gaan schaatsen
56 Gaan zeilen
57 Buitenlandse of binnenlandse reizen maken
58 Schilderen
59 Iets spontaan doen
60 Borduren, handwerken, breien
61 Slapen
62 Mensen ontvangen
63 Naar clubs gaan (een tuinclub, singlesclub)
64 Denken over trouwen
65 Op jacht gaan
66 Zingen in een koor
67 Flirten
68 Een muziekinstrument bespelen
69 Handarbeid doen
70 Een cadeautje voor iemand maken
71 Cd's kopen
72 Kijken naar een boks- of worstelwedstrijd
73 Een feest organiseren
74 Koken
75 Een wandeltocht maken
76 Boeken (gedichten, artikel) schrijven
77 Kleren kopen
78 Uit eten gaan
79 Werken
80 Over boeken discussiëren
81 Bezienswaardigheden bekijken
82 Tuinieren
83 Naar de schoonheidsspecialiste gaan
84 's Morgens koffie drinken en de krant lezen
85 Tennissen
86 Zoenen
87 Naar mijn kinderen kijken (als ze spelen)
88 Bedenken dat ik het heel wat beter heb dan de meeste anderen
89 Naar toneel en concert gaan
90 Dagdromen
91 Plannen maken voor een opleiding
92 Een autoritje maken
93 Luisteren naar muziek
94 Meubels opknappen
95 Televisie kijken
96 Lijstje maken van taken
97 Een fietstocht maken
98 Wandelen in het bos of op het strand
99 Cadeaus kopen
100 De natuur ingaan
101 Iets afmaken
102 Naar een sportevenement gaan kijken (autoraces of paardenrennen)
103 Lesgeven
104 Fotograferen

105 Vissen
106 Aan plezierige dingen denken
107 Me aan een dieet houden
108 Met dieren spelen
109 Een vliegtuig besturen
110 Romans lezen
111 Toneelspelen
112 Alleen zijn
113 In m'n dagboek of brieven schrijven
114 Schoonmaken
115 Non-fictie lezen
116 Kinderen mee uit nemen
117 Dansen
118 Gaan picknicken
119 Denken: 'Dat heb ik heel goed gedaan', nadat ik iets gedaan heb
120 Mediteren
121 Volleyballen
122 Lunchen met een vriend(in)
123 Naar de bergen gaan
124 Denken aan het hebben van een gezin
125 Terugdenken aan gelukkige momenten in mijn jeugd
126 Uitspatten, mezelf ergens in laten gaan
127 Kaarten
128 Raadsels oplossen
129 Over politiek discussiëren
130 Softbal spelen
131 Dia's of foto's bekijken of laten zien
132 Gitaar spelen
133 Kruiswoordraadsels oplossen
134 Biljarten
135 Stilstaan bij hoezeer ik vooruit ga
136 Dingen voor mezelf kopen (parfum, golfballen)
137 Telefoongesprekken voeren
138 Naar musea gaan
139 Religieuze gedachten hebben
140 Kaarsen aansteken
141 Naar de radio luisteren
142 Me laten masseren
143 Zeggen: 'Ik hou van jou'
144 Denken over mijn goede eigenschappen
145 Boeken kopen
146 Naar de sauna of een Turks bad gaan
147 Skiën
148 Wildwatervaren
149 Bowlen
150 Houtbewerken
151 Fantaseren over de toekomst
152 Balletlessen nemen of gaan tapdansen
153 Debatteren
154 Op een terras zitten
155 Een aquarium hebben
156 Erotica (seksboeken, films)
157 Paardrijden
158 Erover nadenken om maatschappelijk actief te worden
159 Iets nieuws doen
160 Legpuzzels maken
161 Bedenken dat ik iemand ben die zich kan redden

Over de auteurs

De auteurs werken allemaal binnen het circuit Volwassenen van Psychotherapeutisch Centrum De Viersprong voor het behandelprogramma De Kliniek of voor het behandelprogramma Ik-opbouwende Psychotherapie (IOP). De Kliniek is een klinisch programma met een behandelduur van maximaal een jaar, eventueel vervolgd met een eendaagse deeltijdbehandeling van maximaal drie maanden. De IOP is een stepped down-programma. Patiënten starten de behandeling klinisch (een half jaar) en vervolgen de behandeling in een (niet-tijdgelimiteerd) deeltijdprogramma van drie, twee of één dag. Veel van de auteurs zijn werken daarnaast bij de Viersprong Academy als trainer (klinische) schematherapie.

Drs. W. Adema, psychiater, lid NVGP.

Drs. J. Blokland-Vos, geregistreerd psychomotorisch therapeut.

Drs. A.M.T.S. Claassen, psychotherapeut en teammanager, voorzitter Vereniging voor Klinische Psychotherapie (VKP).

G. Günther, geregistreerd beeldend therapeut.

J.M.L. van der Meijden, sociotherapeut, gedragtherapeutisch medewerker.

Drs. E.H. Muste, klinisch psycholoog-psychotherapeut, lid NVGP, VGCt (asp.), Schematherapeut, supervisor en bestuurslid register Schematherapie.

M. Oudmaijer, sociotherapeut, maatschappelijk werker, gedragstherapeutisch medewerker i.o.

Dr. A. Weertman, GZ-psycholoog, psychotherapeut, Schematherapeut, supervisor en bestuurslid register Schematherapie, supervisor VGCt.

GPSR Compliance

The European Union's (EU) General Product Safety Regulation (GPSR) is a set of rules that requires consumer products to be safe and our obligations to ensure this.

If you have any concerns about our products, you can contact us on

ProductSafety@springernature.com

In case Publisher is established outside the EU, the EU authorized representative is:

Springer Nature Customer Service Center GmbH
Europaplatz 3
69115 Heidelberg, Germany

www.ingramcontent.com/pod-product-compliance
Lightning Source LLC
Chambersburg PA
CBHW081226100426
42871CB00020B/247